川村匡由 編著

ミネルヴァ書房

まえがき

「社会福祉の原理と政策」は，旧カリキュラムの「社会福祉原論」，新カリキュラムの「現代社会と福祉」に変わるものだが，社会福祉士および精神保健福祉士の指定科目のうち，共通基礎科目としての重要性は今も変わらない。中でも「社会福祉の歴史」や「社会福祉の思想・哲学・理論」「社会問題と社会正義」は不朽の原理である。

しかし，その政策となると約10年目の新カリキュラム以後，人口動態や経済の状況，気候変動，非雇用・過労死の急増，格差と貧困の拡大，ジェンダー，配偶者・子どもや障害[1]児者への虐待，東京一極集中の加速化，限界集落化など社会の変化，利用者の福祉ニーズの高度化・複雑化，災害の続発，さらには新型コロナウイルス感染症（COVID-19）の拡大などに伴い，社会福祉の制度・政策や事業・活動の一層の充実が緊緊の課題となっている。

また国際連合（国連）サミットは，2015年９月，加盟193カ国が2030年までに取り組むべきとして，貧困や飢餓，健康，教育，途上国に対する水など安全なエネルギーの供給，働きがい，経済成長，安全・安心なまちづくりなど計17のSDGs（持続可能な開発目標）を採択，日本政府もこれを受け，翌2016年，すべての国務大臣で構成する「持続可能な開発目標（SDGs）推進本部」を設置，日本として経済や社会・環境の分野における８つの優先課題，および140の施策を盛り込み，取り組んでいくことになった。

「社会福祉の原理と政策」を学ぶにあたっては国民主権，基本的人権の尊重，平和主義を三大原則とする日本国憲法を国是（こくぜ）に，2065年，本格的な少子高齢社会および人口減少を迎えても社会福祉士および精神保健福祉士などソーシャルワーカーはもとより，政府および自治体，社協，福祉施設，保険医療機関，特定非営利活動法人（NPO 法人），企業・事業所，ボランティアなど広く国民一人ひとりもその拡充に努め，社会福祉の持続可能性を追求することが必要である。

なお，本文中の実線はこれまでの社会福祉士や精神保健福祉士の国家試験で出題された個所，および今後，出題が予想される個所を示したものである。学習の一助としていただければ幸いである。

2022年 1 月

武蔵野大学名誉教授
川村匡由

注

⑴ 障害の「害」は差別用語だとして「障碍」や「がい」に言い換えている場合もあるが，本書では関係法令の名称に基づき，あえて障害と記す。

目　次

第1章　社会福祉の原理

学びのポイント

社会福祉の原理を学ぶことは，社会福祉とは，何かを学ぶことである。そこで，本章では歴史，思想・哲学，理論，実践を通して社会福祉の原理を学ぶ視点について理解し，4W1H，すなわち，いつ（When），どこで（Where），誰が（Who），何を（What），そして，どのように（How）して行うのか，社会福祉の原理を学ぶことにする。その上で，社会福祉学の視点からその構造や特徴について理解する。

1　社会福祉の原理を学ぶ視点

（1）社会福祉と歴史

人間が時間の経過とともに移り変わってきた経緯としての歴史は，今日までに形成される社会的な事象が生起する背景を知り，それをどのような考え方によりどのような取り組みが行われ，かつどのように変化していったのか，過去に遡りながらその成り立ちについて理解することができる。それは単に何年に何が起きたか，という過去の事実を確認するものではなく，昔のことを知り，記憶にとどめることだけのものでもない。なぜなら，歴史の学びは過去の時代や社会を知ることによって現在を理解し，これからの方向性を探るために活かすべきだからである。

たとえば，自然科学の分野ではさまざまな実験器具や材料を用いて実験を行い，新たなものを発見したり法則を導いたりすることができるが，社会福祉が属する社会科学においては，自然科学が用いる実験手法をそのまま当てはめ実験を行うことはできない。それは実験を行う対象が物質的なものではなく，生身の人間が日々営む生活であり，かつ人間が相互に関係し成り立つ社会だからである。このため，社会福祉は一人ひとりの人間とその人間が存在する社会を相互に結びつけた枠組みの中で展開される取り組み，といえる。

しかし，その人間も社会も絶えず変化していく。それも発展するばかりではなく，後退することもある。このため，過去について特定の視点を持って分析し，検証しながら意味づけをする歴史は，社会福祉の原理として導かれる法則を見出す上で重要な学びとなろう。同時に，それはさまざまな場面や角度から，それがどのように社会福祉を形成してきたか分析し解明することにより，歴史としての社会福祉を学ぶ意義があるはずである。

社会福祉には長い歴史がある。それは社会福祉の形成に向けて発展していく過程として，相互扶助・慈善事業，そして，社会事業というそれぞれの段階を経て，社会福祉の段階へと変遷していった。地域の人たちが自然発生的に互いに助け合う相互扶助，助け合うことを組織的に行う慈善事業，国家の恩恵の下に国家的な規模での救済活動が行われる社会事業，さらには，国民の権利を基盤として行われる社会福祉という，それぞれの段階で行われる取り組みにはどのような特徴があるのか。人間が行うすべての取り組みには，それぞれの背景に何らかの動機や目標，さらにその根底に思想がある。それはどのようなものであったのであろうか。それぞれの時代の社会状況とともに，当時の取り組みを推し進めてきたこれらの要因を分析することで社会福祉の発展過程を理解し，社会福祉が今日までどのように形成されてきたのかを学ぶことができる。

また，社会福祉の歴史を学ぶ上で大切なことは，これらの社会福祉の取り組みの主体とともに，社会福祉を必要とする人たちに視点をおいて，その人たちの立場や生活の状況や抱えている問題・困難性を考え，理解することである。社会福祉の取り組みは社会福祉を必要とする人たちに向けてのものであり，その人たちにとってどのような意味があったのかによって，価値づけられることになる。

さらに，それぞれの時代の中でその対象となった人たちとは，どのような立場の人でどのような生活を送りながら，どのような困難性を抱えていたのか，そして，その人たちを支えたり，その人たちに関わってきた人とはどのような人たちであり，かつどのような考え方を持っていかなる実践を行ったのか，ということも社会福祉の歴史を学ぶ上で大切な視点である。このように，社会福祉の歴史は社会福祉に取り組む人たちと社会福祉を必要とする人たちの歴史でもある。

（2）社会福祉と思想・哲学

社会福祉に取り組む人も必要とする人も，共に人間である。そして，その人たちが存在する社会も，一人ひとりの人間の生活の営みが重なり合いながら構成される人間の集団的構造となっている。社会福祉は直接的にも間接的にも人間が人間に対し，関わりを持ちながら展開される。目的の達成に向け，人間と人間が関わりを持ちながら展開される社会福祉の取り組みにおいて両者をつなげ，結びつけるものが思想・哲学であるといえよう。

社会福祉の取り組みを含め，どのような取り組みにおいても，必ず取り組む人たちの気持ちが反映されよう。どのような考え方や価値観を持って人と向き合おうとするのか，そして，どのような社会を実現したいと思っているのか，社会福祉の取り組みには思想が必要であり，そのあり方を問い，追求していく哲学が必要となる。人を差別したり，排除したりするような思想や哲学は求められる社会福祉の思想・哲学の対極に位置する。「福祉は人なり」といわれるゆえんは，社会福祉に取り組む人たちの思想，あるいは哲学が社会福祉の取り組みに直接的に反映するからである。

社会福祉が学問として成り立つには，社会福祉の思想・哲学は不可欠である。法則を導き，本質を探るという原理を探究するすべての学問には思想・哲学が必要であり，思想・哲学のない学問は空虚なものとなってしまう。これまでに社会福祉実践の先駆者たちの取り組みや理論家などの主張を通し，社会福祉の思想・哲学が形成され，社会福祉研究の方向性を形成してきた。

社会福祉に取り組む人たちが持つ思想や哲学としてその基盤となるのが，人間観や生命観であり社会観であろう。「人間とはどのような存在なのか」「人間として生きるということはどういうことなのか」「人間の幸福とは何か」「すべての人間に与えられている権利とは何か」「なぜ，人間は人間を助けるのか」「人間と社会はどのような関係にあり，人間はどうあるべきで，社会はどうあるべきなのか」などの問いに対し，その答えを見つけ出そうと試みられてきた。先駆者とされる実践者が，どのような社会福祉の思想・哲学を持って社会福祉に取り組んできたのか，また社会福祉の理論家がどのような思想・哲学を主張してきたのか，それぞれの実践者や理論家が生きた時代と，それぞれの思想・哲学につながる背景を探りながら学んでいく必要があろう。

その際，大切なことは社会福祉を必要とする人たちの立場に立ち，その人たちの苦しみや抱えている問題を生活という視点から，社会というフレームの中で思索していくことである。社会福祉の思想・哲学の特徴について，阿部志郎は次のように述べている。

> 「福祉の哲学は，机上の理屈や観念ではなく，ニードに直面する人の苦しみを共有し，悩みを分かち合いながら，その人びとのもつ『呻き』への応答として深い思索を生み出す努力であるところに，特徴があるのではなかろうか。それによってニードを，そしてそれへの対応を社会的共有へと拡げることこそ，福祉の哲学が抱く祈りにほかならない。ニードの社会的解決の国民的認識とシステム化を導き，それを支える思想であるところに，福祉の哲学の個性があるといわなければならない[(1)]。」

（３）社会福祉と理論

理論とは個々の現象や事象，事実について法則的，統一的に道筋を立てて組み立てられた知識の体系である。社会福祉の理論とは社会福祉とは何かについて視点を定め，根拠を示しながら論理的に見解が述べられたものをいう。それは社会福祉の歴史や思想などを踏まえながら社会福祉の構造や機能，役割を解明することに目的を持つものといえよう。

社会福祉の理論を形成するための視点としては，論者によって歴史的な視点から過去の事実に基づくものもあれば，実践的な視点から経験に基づくものもある。また，社会という側面を中心にアプローチするものもあれば，人間や人間の生活という側面を中心にアプローチするものもある。これまでにさまざまな社会福祉の理論が打ち出され，設定される視点やアプローチの方法，論者の有する価値観などによって，また，それぞれの時代や社会の変化が反映されるものとなっている。

社会福祉理論の詳細は第３章で述べられるとおりであるが，歴史的にその代表的なものとして，経済学を基礎にして社会福祉を政策論的にアプローチした理論，人間関係や社会関係に焦点を合わせた専門的行動体系として技術論的にアプローチした理論，社会制度と個人との間に結ばれる社会関係の主体的側面に焦点を合わせ，社会福祉の固有の視点としてアプローチする理論（固有論），政策論と技術論の対立的関係を乗り越え，統合してアプローチを試みる理論（統合論），政策論を継承しつつ社会福祉を国民の生活権保障の施策としてとらえ，社会福祉運動と社会福祉実践における社会福祉労働の意義を重視する運動論的にアプローチする理論，社会福祉の政策に焦点を合わせた上で社会福祉政策の管理・運営を図ることが社会福祉で重視される経営論的にアプローチする理論などを挙げることができる。

しかし，社会福祉の理論の研究は一般的には1950年代から始まり，それからわずか70年ほどしか経過していない。この社会福祉学の短い歴史の中で社会福祉とは何か，という社会福祉の概念に対する規定を最初から明確に打ち出すことは困難ともいえよう。これらの歴史的に代表的な社会福祉の理論はどの理論が正しいか，あるいは適切かという基準から評価されるべきものではなく，いずれの理論もその時代の産物として価値づけることができようし，社会福祉の特徴を論理的にまとめたものとして理解される。

このように時代が大きく変化していく中で，不変の理論といえるものはないのかもしれない。特に人間と社会にアプローチする社会福祉は時代の変化に大きく作用され，進みゆく時代のニーズに応じてその対象を拡大させ，目的を深化させていくことになるはずである。社会福祉理論もこれまでのものを継承しながら，時代に応じたフレームに合わせて形成されていくことになる。

（4）社会福祉と実践

社会福祉は，社会福祉の取り組みを通して社会福祉を必要とする人たちに届け，社会福祉の目的の実現に向けて導くことによって価値づけられることになる。社会福祉における実践は，社会福祉の理論に対応しての実践として位置づけられるとともに，社会福祉政策に対応する実践として位置づけることができる。

前者の理論に対応する実践の場合，社会福祉実践は社会福祉の理論によって形成された論理性を担保し，客観性を持つこととなる。社会福祉の理論も社会福祉実践によって裏づけられ，証明されることになる。理論のない実践は経験と勘，思いつきによる主観的で恣意的なものになるリスクがあり，実践のない理論は机上の空論として空虚なものになってしまう。社会福祉の理論と実践は車の両輪となって，一体的に機能するものである。どちらが大切かではなく，どちらも大切であり，かつ理論から実践につなげるだけではなく，実践から理論を創り出すことも大切である。実践を理論化し，体系づけながらフィードバックして新たな実践につなげることが必要となる。

後者の政策に対応する実践の場合，社会福祉の構造性からマクロ的な視野からとらえた場合，焦点化される社会福祉の政策に対し，ミクロ的な視野からとらえた場合，焦点化される実践として位置づけることができる。社会福祉の基本となる取り組みは，社会福祉の政策を制度化した制度とその制度を社会福祉を必要とする人たちに結びつけ，具現化する実践によって成り立つことになる。社会福祉実践では，社会福祉を必要とする人たちに社会福祉のサービスをしっかりと届けられるようにするための専門的な知識や技術を持った人が必要となる。その存在が社会福祉の仕事をする人たちであり，専門職としてのソーシャルワーカーなどである。

実践は「働きかける」という行為によって表わされる。社会福祉の実践とは，社会福祉を必要とする生活上に問題を抱えた個人や家族などに対し，個別的に働きかけ，また，その人たちが生活を営む地域や社会に対し，開発的に働きかけることをいう。その働きかけは当事者と対面して直接的に働きかけるだけではなく，調整をしたり，計画を立てたりするなど間接的な働きかけを行うものである。このような社会福祉実践上に直接的，間接的に人や社会に働きかける時に，必要な社会福祉の専門的な技術が社会福祉実践方法としてのソーシャルワークである。ソーシャルワークは，社会福祉の価値と倫理，知識と技術を持ち，社会福祉実践として人と社会に働きかけながら社会福祉の目的を実現していくものである。

2　社会福祉とは何か

（1）社会福祉の概念

一般に社会とは人間の集団や共同した生活を意味し，福祉とは幸福を意味する。このことから，社会福祉とは人々との生活の幸福を意味することとなる。今一つに，社会福祉の社会，すなわち，social という言葉には社会的な仕組みや取り組みという意味が込められる。すなわち，社会福祉は人々の幸福な生活を実現するための社会的な仕組みや取り組みということができる。

具体的には，社会福祉をすべての人々を対象とし，その幸福を追求する取り組みとして捉える場合，「目的概念としての社会福祉」という。目的概念としての社会福祉は，社会福祉の意味をより広義に捉える概念といえる。社会福祉を国民生活の到達すべき目標として位置づけ，実現すべき理想的な状態に向けての取り組みを意味するものとなる。目的概念として社会福祉を捉えた場合，社会保障を包含した上位概念ともなる。

さらに，社会福祉を乳幼児や障害児者，高齢者に対して設けられている具体的な制度や施策，条例，サービスを指すものとしてとらえた場合，「実体概念としての社会福祉」という。実体概念としての社会福祉は，社会福祉を広義にとらえる目的概念としての社会福祉に対し，社会福祉を狭義に捉える概念ともいえる。社会保障の下位概念として社会福祉が位置づけられることになるが，今日の社会福祉はこの実体概念としてとらえられることが一般的で，制度上にも社会保障の上位概念として社会福祉を位置づけられている。

実体概念としての社会福祉は，国や自治体などが関与する社会福祉に関する法令や制度などに該当する「制度としての社会福祉」，およびその法令や制度，条例などにより提供されるサービスや援助活動など実践に該当する「実践としての社会福祉」に分けることもできる。制度としての社会福祉と実践としての社会福祉は連結された関係にあり，一連のプロセスで展開される。それは社会福祉をどのように展開していくのか，政策としての方向性が示され，その政策を実行していくための具体的な法令や制度がつくられ，法令や制度に基づきながら社会福祉のサービスを提供する，というプロセスをたどるものとなる。

社会福祉のニーズが多様化し，社会福祉の制度が整備されていく現代社会においては，実体概念としての社会福祉は拡大するものとなっている。社会福祉の制度が整備されはじめた第二次世界大戦後の昭和20年代に福祉三法として制定された社会福祉に関する法令は，当時の10倍ほどにも増えている。また，生活水準は時代とともに向上していくので，それに合わせて目的概念としての社会福祉も目指される水準が高く設定されるようになっている。社会福祉の範囲とレベルは時代によって変化し，また国によって異なってくるものといえよう。

（2）社会福祉の必要性

人間は社会的動物ともいわれ，社会での生活を離れて生きていくことはできない。「人がこの世に誕生し，学校に行き，成長し，大人になって，就職し，結婚して子供が産まれ，子育てをしながら仕事を続け，やがて高齢者となり，死んでいく」。

たとえば，このような人の一生を考えてみた時，就学や就労，結婚，出産，子育て，老後などがめぐるライフステージにおいて，疾病や事故，障害，失業，貧困，保育，介護，災害など生活し，人生をまっとうしていく上でのリスクを伴うことになる。このため，人間はこのどれかのリスク，あるいはこれらすべてのリスクを抱えて存在しているといえ，これらのリスクを自らの力だけで回避することはできない。

周知のように，現代社会は少子高齢社会であり，少子高齢化に伴う生活問題が深刻化している。また，常に，そして，どこででも災害は発生しうる。その場合，一瞬にして日常の生活は崩壊する。グローバル化が進む中で外国の人たちが身近に存在し，共に生きていく社会もつくっていかなければならない。2020年春，パンデミック（世界的大流行）となり，収息が見えず，さまざまな影響を与えている新型コロナウイルス感染症（COVID-19）もしかりである。さらに，社会福祉というと貧困者や児童，障害児者，高齢者などいわゆる社会的，経済的に弱い立場に置かれている人たちを思い浮かべ，これらの人たちを助けるというイメージがいまだにあるのかもしれない。

確かに，そのような時代もあったが，時代が変遷していく中で，社会福祉が対象とするもの，対象とする人は拡大し，社会福祉が目的とする水準も高くなっている。それは弱い，かわいそうな人たちを助けるというものだけでなく，生活していく上でのリスクを持ち合わせている私たちに対し，必要な状況，あるいは必要な立場となった時に社会全体で支えていく取り組みといえよう。社会福祉は与えられるものではなく，権利として保障されるべきものなのである。

社会福祉がすべての人にとって必要なものであり，権利として保障されるものであることは，国民主権・基本的人権の尊重・平和主義を三大原則とする日本国憲法において明確に規定されている。すなわち，すべての国民は法の下に平等であり，差別されてはいけない存在である（第14条：不変平等性原理）。

そして，基本的人権（第11条）が永久の権利として与えられるものであることを基盤とした上で，「すべて国民は，健康で文化的な最低限度の生活を営む権利を有する」（第25条第１項：生存権），「国は，すべての生活部面について，社会福祉，社会保障及び公衆衛生の向上及び増進に努めなければならない」（同第２項：国の社会保障的義務）として生存権の保障が定められている。

さらに，国民は個人として尊重され，幸福を追求する権利を有し，立法その他の国政上に最大の尊重が必要であるとされている（第13条：幸福追求権）。これらの規定は社会福祉の法的基盤となり，すべての国民が権利として社会福祉を享有し，国は最低限の生活保障に努めるとともに国民一人ひとりの幸福の追求を尊重しなければならないこととされている。

社会福祉の英訳としては，「これまで social welfare（ソーシャル・ウェルフェア）が一般的であったが，今日は social well-being（ソーシャル・ウェルビーイング）が多くに用いられ，welfare の意味する「よりよい生活」から，well-being の意味する「満たされた生活」へと一人ひとりの価値観を尊重した暮らしの質の高さや豊かさが志向されるようになった。社会福祉で目指すべき目標の水準は，生存権の保障に規定されている健康で文化的な生活のレベルにとどまらず，これを超えて設定される幸福追求権のレベルまでを視野に入れ，重視していくことが求められるようになった。

（３）社会福祉の主体

社会福祉の主体とは誰が社会福祉を実施するのかということを指すが，それは責任を持っているのは誰かということと，実際に実施するのは誰かという点が分けられるとともに，政策・経営・実践という社会福祉施策の構造性から社会福祉政策をつくり，経営を行い，実践するのはそれぞれ誰か，いうことからも分けることができる。

社会福祉を実施する責任は誰かということでいえば，最終的にその責任は国にあるといえよう。それは社会福祉の法的根拠として挙げられる同法第25条の生存権の保障について，国は社会福祉の向上および増進に努めなければならないと定められていることからも理解できる。では，なぜ，国が社会福祉の最終的な責任を負わなければならないのか。それは社会福祉の対象となる問題が個人の問題としてではなく，社会の問題として位置づけられるからである。このため，社会の問題は社会で解決していく必要がある。社会を統括する役割を担うのが中央政府である国といえよう。

しかし，社会福祉を実施する責任は国だけに求められるのかといえば，自治体にも求められるようになっている。それは社会福祉を必要とする人たちはそれぞれの地域に住み，生活しているからでもある。社会福祉のニーズは地域によって異なり，地域の人たちに向けてどのような社会福祉サービスを提供していくかはそれぞれの地域で考え，進めていった方が効率的であり，効果的であるともいえる。社会福祉関係法では地域ごとにどのような社会福祉サービスをどのくらい整備するかなど福祉計画を策定し，社会福祉サービスの利用を決定する権限を市町村や都道府県の権限とするなど自治体にも責任を持たせるようになっている。

では，社会福祉を実際に実施するのは誰かということでいえば，その中心となるのが福祉事業所や施設を経営する社会福祉法人など社会福祉の専門的団体・組織やその団体・組織に所属する社会福祉の専門職である従事者などが中心となる。

社会福祉を実施するプロセスは，前述の通り，社会福祉をどのように展開していくのか，政策としての方向性が示され，その政策を展開するための法令や制度，条例などがつくられ，法律や制度，条例などに基づきながら社会福祉法人などが経営する専門的な組織に所属する専門職などにより，社会福祉サービスとして社会福祉を必要とする人たちに向けて提供されることになる。

ところで，社会福祉の主体を社会福祉施策の構造性から分類する政策主体，経営主体，実践主体というもう一つの分け方がある。このうち，政策主体は社会福祉の政策を策定し，それを展開する主体をいう。政策主体は責任主体としての国が担うとともに自治体も担うこととなる。国は社会福祉政策を立案し，予算を決定し，実行する。自治体は国の政策に基づきながら自らの地域で展開するための計画を立て，実行していくこととなる。

これに対し，経営主体とは社会福祉の方向性として示された政策の下，政策を実行していくためにつくられた法令や制度に基づきながら実施される社会福祉事業を経営する主体をいい，公営の場合は国や自治体であり，民間の場合，社会福祉法人や特定非営利活動法人（NPO法人），さらには営利団体としての株式会社（企業・事業所）などが挙げられる。また，実践主体となるのが社会福祉の担い手といわれる人たちで，社会福祉実践の現場に存在する。専門職としてのソーシャルワーカーをはじめ，地域福祉が推進される今日の社会福祉政策においては，ボランティアや地域住民も社会福祉の担い手として期待される。

（4）社会福祉の対象

社会福祉の対象とは，社会福祉が何を対象とするのか，あるいは誰を対象とするのかということを指す。

まず何を対象とするのかについては，社会福祉の取り組みを通して解決していく対象となる問題が挙げられる。それは人間が生活を営む中で発生する生活上の問題で，個人や家族などの力だけでは解決することができない社会的に解決していくことが必要な問題といえる。

私たちが生きている社会は，資本主義社会であり自由な競争が行われる社会である。資本主義社会はその自由な競争により経済が発展する一方，競争の結果として失業したり，失業しないまでも十分な賃金を得ることができない人たちを生じさせる。それは，資本主義社会の本質的な社会問題ともいえる。このような社会が産み出す本質的な問題としての社会問題は，さらに人々の生活に関連し派生することになる。失業や低賃金の問題は，貧困という生活上に大きな影響を及ぼす問題をもたらす。ここに貧困問題は社会的問題としての生活問題として位置づけられ，社会福祉の対象となって問題解決に向けて取り組まれることになる。社会的な問題としての生活問題は，貧困問題のように資本主義社会の中で発生する問題だけではなく，人間が生きている社会において現実の暮らしの中で発生する個人のレベルでは解決することができない生活問題を対象とし，育児や高齢，介護，障害などさまざま問題が挙げられる。

今一つ，社会福祉が誰を対象とするのかについていえば，社会福祉の対象となる社会的な問題としての生活問題を抱える人たちであり，生活上に問題を抱え，その軽減や改善，解決に向けて社会的な支援が必要となる人たちということになる。それは社会的な支援のための規模や属性などによって，次のように規定することができよう。

まず，社会的な支援が必要な生活上の問題の発生について，人が産まれてから死ぬまでの視野から考えてみた場合，すべての人は生きているどこかでそのような状況に直面するものと思われ，その意味では社会福祉の対象となる人たちとは総体としての国民や地域の住民ということになる。この社会的に支援が必要となる生活問題には共通した問題とともに個別の問題があり，社会福祉の実践はそのような問題を抱えている人たちに向け，個別に働きかける中で解決していくことを基本とする。

したがって，社会福祉の対象となる人々は，総体としての国民や地域の住民という規模だけではなく，一個人とした規模でも存在することになる。さらには，高齢者や障害児者など特定の属性や特性からなる人々も社会福祉の対象となって存在することになる。

（5）社会福祉の目的

社会福祉の目的とは，社会福祉は何のために存在し実施されるのかということを指す。これまでに述べてきたことからいえば，社会福祉の目的は個人の努力の限界を超え，社会的な支援を必要とする生活上の問題についてその軽減や改善，解決を図ることであり，また，発生しないように予防するということになる。それは社会福祉の法的基盤となる同法第25条の生存権に基づけば，健康で文化的な最低限度の生活を保障することであり，第13条の幸福追求権に基づけば，すべての人間が個人としての幸福を追求する権利を持ち，憲法はその権利を最大限に尊重するということになる。

一方，生活上の問題を解決していくという社会福祉の目的のさらにその奥に設定され目指されるものが，生活の自立であるといえよう。社会福祉関係法の中で最も基盤となる社会福祉法では，社会福祉の目的を実現するために提供される福祉サービスの基本的理念として「個人の尊厳の保持を旨とし，その内容は，福祉サービスの利用者が心身ともに健やかに育成され，又はその有する能力に応じ自立した日常生活を営むことができるように支援するものとして，良質かつ適切なものでなければならない」（社会福祉法第３条）とされ，生活の自立が目指されるようになっている。

では，この生活の自立とは，どのような自立を意味するのであろうか。その内容としては身体的自立や精神的自立，経済的自立，社会的自立などを含むものであり，また，その水準としては「有する能力に応じ」とされるように一律に捉えるものではなく，その人それぞれに合わせて目指されるものであるとして理解することができる。身体的，精神的，経済的，社会的な側面などから生活ニーズの充足を図り，その人が持つ力を最大限に引き出し，その人らしく生活していくことができる状態や状況をつくっていくことが，社会福祉の目指す目的としての生活の自立といえよう。

社会福祉の目的は，個人としての人間に向けられるとともに社会にも向けられている。社会に向けられた社会福祉の目的について人間に向けられた社会福祉の目的に対応させていえば，人間が抱える生活問題を改善し，自立した生活ができる社会を実現するということになろう。それは差別や偏見のない，皆が一緒に普通の生活を営むことができるノーマライゼーションの理念に基づく社会を実現することであり，国民全体の意識や行動を通じ，社会福祉に取り組む体制がつくられた福祉社会を構築することといえよう。

（6）社会福祉の実施

社会福祉の実施とは「社会福祉は何をするのか」を指す。前述の通り，社会福祉を実施する基本的なプロセスは，繰り返すように社会福祉をどのように展開していくのか，政策としての方向性が示され，政策を展開するために法令や制度がつくられ，法令や制度，条例に基づきながら社会福祉法人などが経営する専門的な組織に所属する専門職などによって社会福祉サービスが提供されるということになる。

社会福祉の主体ごとに説明すれば，①政策主体としての国や自治体によって社会福祉の政策を策定し，政策を実行していくための法令や制度，条例づくり，②経営主体となる社会福祉法人などによって社会福祉を必要とする人たちに向けて社会福祉サービスを提供するための組織体制を整備し，サービス事業所や社会福祉施設などが経営される中で，③実践主体となるソーシャルワーカーなど社会福祉の担い手となる人たちが社会福祉実践として社会福祉サービスを提供する，ということになる。③のプロセスで実施される社会福祉実践は，社会福祉援助という言葉に置き換えて理解してもよいであろう。社会福祉はマクロの視点から社会福祉の政策を策定し，法令や制度，条例などをつくり，メゾの視点から社会福祉の経営を行い，ミクロの視点から社会福祉援助を行うものといえる。

しかし，社会福祉の実施は法令に基づくサービスを提供するものばかりではない。社会福祉は公助と呼ばれる公的に対応する仕組みだけではなく，社会福祉を必要とする人々と自身の力としての自助，家族などによる相互扶助としての互助[2]，そして，地域住民やボランティア，当事者相互間などによる共助を含めて社会全体で支えていく仕組みをつくっていくものである。このため，社会福祉はフォーマルサポートとしての公的に制度化されたサービスの提供とともに，法令や制度，条例などには基づかないインフォーマルサポートとなる取り組みや地域に存在するさまざまな社会資源を取り入れた中で実施されることとなる。

（7）社会福祉の方法

社会福祉の方法とは社会福祉を実施する際，それをどのようにして行うのかを指す。社会福祉を実施し，実践するための方法として用いられるのがソーシャルワークである。社会福祉援助を行う専門的技術としてのソーシャルワークは，個人が抱える生活問題を社会的状況や環境とのつながりの中でとらえ，個人と個人を取り巻く社会環境の双方にアプローチし，解決していこうとするものである。人は社会的な存在として，家族や友人・知人，学校，職場，地域など社会に存在するいろいろな人などと関係性を持ちながら生活している。個人，あるいは社会環境に働きかけながら生活問題を解決していく方法は，ソーシャルワーク固有の方法といえよう。

ソーシャルワークは単に生活問題を解決するための手段として専門的な技を持つことではなく，その技術を持つために必要な人と社会に関する専門的な知識を持ち，人と社会に対する見方としての価値と倫理をしっかりと身に付けておくことが大切である。ソーシャルワークは社会福祉の目的といえる個人が抱える生活問題を解決し，福祉社会をつくっていくために必要な価値や倫理・知識・技術を通じ，その人と社会に働きかけていくものといえる。

その種類として，まず直接的に人に働きかけるソーシャルワークとして個人に働きかけるケースワーク（個別援助技術）や人の集団に働きかけるグループワーク（集団援助技術）があり，ミクロレベルからアプローチされる。また，メゾレベルからは人々が住む地域に働きかけ，地域の人々が住みやすい生活環境をつくるコミュニティワーク（地域援助技術），地域においてどのような問題がありニーズがあるのか，その実態を調査し，把握する方法としてのソーシャルリサーチ（社会福祉調査法），地域の問題解決に向けて目標を立て，具体的な方策を示した計画を策定するソーシャルプランニング（社会福祉計画法），そしてソーシャルワーカーなど社会福祉従事者が，その使命と目的を果たすことができるように組織的に管理し，質の高いサービス提供に向け，あらゆる環境の整備を図るソーシャルアドミニストレーション（社会福祉運営管理）などがある。マクロレベルでは人々が住む社会に働きかけ，社会環境の整備や改善，開発を促していくソーシャルアクション（社会開発・活動法）がある。

3　社会福祉学の構造と特徴

（1）社会福祉学の構造

社会福祉学は，社会福祉に関わる事象を対象として研究する科学である。社会福祉学の構造，すなわち，社会福祉学がどのように形づくられているのか，社会福祉学を構成する要素から述べてみたい。

社会福祉学は，社会福祉はどのような取り組みを行うのかという社会福祉施策に該当する枠組みの中に構成される各要素を中核として，構造化されるものと考えられる。それは先の社会福祉の実施で言及した内容と重なることになる。すなわち，事業・活動を通じて社会福祉政策を策定し，法令や制度，条例などをつくり，経営・管理を行い援助するというものである。

社会福祉の取り組みとしての施策は，社会福祉の政策を起点として展開されることになる。社会福祉政策とは，国や自治体などの公共の主体が基本的人権の尊重をはじめとする社会福祉の理念に基づき，社会福祉の対象となる生活問題を解決していくための目標を設定し，推進していくための手段や方法などの方策のことをいい，ソーシャルポリシーとも呼ばれている。視点の持ち方から，社会福祉施策の中のマクロの部分に該当する領域であるともいえる。社会福祉政策は最終的に社会福祉を必要とする人たちのもとに社会福祉サービスとして届けられるため，法令や制度，条例，経営・管理，援助という形に変換されていくことになる。

社会福祉はそのすべてではないが，その中心的なものとなるものは法令に基づいた社会制度として確立している。社会福祉の法令は社会福祉の取り組みの法的な規範となり，ルールとなって社会福祉を基準化するものになる。法律の下，政令や省令，告示，通知など決まりとなるものが定められ，これら法令（法律と命令）によって社会福祉の取り組みの基準が細部にわたり基準化される。そして基準として定められ法令が，実際に運用されるために制度がつくられることになる。社会福祉制度は，社会福祉の法令に基づき運用するための決まりであり，社会福祉の取り組みを実体化させるものである。

社会福祉制度は，援助という人を通じて取り組まれる実践活動によって実際のものとなり，社会福祉を必要とする人たちに届けられることになる。生活問題を解決していくためには，社会福祉の制度と社会福祉を必要とする人たちの間を媒介する社会福祉を担う人が必要となり，その担い手となるソーシャルワーカーなどによる社会福祉援助によって成り立つ。社会福祉施策の起点に位置づけられ，マクロの部分に該当する社会福祉政策に対し，社会福祉援助は，社会福祉施策の終点にあってミクロの部分に該当するものといえる。

施策の展開からすると少しばかり後戻りすることになるが，終点の前に位置づけられるものが社会福祉の経営・管理（ソーシャルアドミニストレーション）であり，社会福祉援助を組織的に管理し，質の高いサービス提供に向けての環境整備を図るものとして機能する。社会福祉の経営・管理は単に施設・機関・団体などでの経営・管理としてだけではなく，国や自治体が行う社会福祉行政も含めて社会福祉サービスを効果的，効率的に提供するための方法として幅を広げている。社会福祉施策の視点の持ち方から，社会福祉経営・管理はメゾの部分に該当する領域ともいわれている。

以上のような社会福祉施策を構成する要素としての社会福祉の政策，法・制度，条例，経営・管理，援助は社会福祉を必要とする人たちに，また，その人たちが抱える生活問題を解決していくことに向けられるものである。社会福祉施策は，社会福祉の対象に向けてアプローチし機能することになる。

さらに，社会福祉学を構成する要素は社会福祉の対象に働きかけるとともに，社会福祉の価値によって支えられるものとなっている。社会福祉施策は単なる取り組みではない。社会福祉の取り組みは社会福祉の価値を基盤として，その価値に支えられながら社会福祉の対象に働きかけることといえる。価値とは個人の好悪を離れて客観的に承認されるものであり，人間の社会においてプラスに作用し普遍性を持つものといえる。社会福祉の価値とは人間すべての人がかけがえのない存在として尊重され，人間の生き方やあり方，人間の生活や人間社会のあり方を追求し，社会福祉は何のために何をなすべきなのかという問いを持つ姿勢であり，態度であるといえよう。

（２）社会福祉学の特徴

人は社会という環境の中に存在し，社会環境との相互作用の中で生活を営んでいる。社会福祉は生活上の問題を社会的に解決するため，問題を抱えている人に働きかけ，社会に働きかけることになる。このような人間と社会に働きかけ，生活問題を解決するということに社会福祉の大きな特徴を挙げることができる。社会福祉学の特徴も社会福祉の特徴が反映されることになる。

「人間と社会に働きかけ，生活問題を解決する」という社会福祉の特徴を反映した社会福祉学の特徴を挙げてみたい。

まず，社会福祉学は人間と社会を結びつけた科学であることから，人間社会の諸々の現象や人間の共同生活を全体的に研究する社会科学としての性格を持つ。学問の分け方にはいくつかあるが，人文科学・自然科学・社会科学という３つの分け方をした場合，文化について研究する人文科学や自然について研究する自然科学に対し，社会福祉学は人間が生きている社会を研究する社会科学の領域に属することになる。このため，社会福祉学は人間と社会のあり方を捉える概念的枠組みに着目して課題を見出し，客観的に観察，調査，分析していくという社会科学的なアプローチを試みる必要がある。

次に，社会福祉学は生活問題を対象とする科学であることから，複数の学問分野にまたがる学際科学としての性格を持つ。社会において自立した生活を営むためには，生活を維持していくためのさまざまな生活ニーズに応じ，多様な生活手段を確保しなければならない。それは衣食住をはじめ，健康や労働，所得，教育，環境，娯楽などさまざまな分野が総合的にアプローチする中で，求められる生活が成り立つことになる。このため，社会福祉学は医学，保健学，社会学，経済学，法学，心理学，教育学など隣接科学の応用性と連携性を持つ。

ただし，隣接科学の応用性という社会福祉学の特徴については，社会福祉学が単に隣接科学を用いて解釈するというようなものではない。古川孝順は「これからの社会福祉研究において大切なのは，関連科学の先端知に対するアクセス能力や，それらを理解し社会福祉に適用する能力だけではない。むしろより重要なのは，社会福祉に独自の，一連に関する概念装置をつくりだす構想力や構築力である(3)」と指摘する。すなわち，社会福祉学は隣接科学を援用しながらも借り物ではない独自の視点を持って分析し，理論化していくことが大切である。

最後に，社会福祉学は「働きかけ」「解決する」という行動化された実践活動を研究の対象とすることから，実践科学としての性格を持つ。働きかける対象は問題を抱えた個人や家族であり，地域や社会などである。また，解決する対象となるものが生活問題である。個人や家族に対しては，生活の自立に向けてニーズを分析し，さまざまな社会資源を活用して組み合わせながら援助するという働きかけをし，地域や社会に対してはすべての人々が生活しやすい環境をつくるため，人的・物的・制度的な改善を図り，必要な社会資源を開発するという働きかけを行う。

実践科学としての社会福祉学を学ぶことによって，社会福祉を必要とする人たちのことをその人たちの立場に立って理解する力，その人たちが抱える生活問題を社会と結びつけて分析する力，そして，生活問題を解決していくために必要な社会資源を調整したり，開発したりする力など人と社会に働きかけ，生活問題を解決するための実践的な社会福祉の力を身に付けることが求められる。

注

(1)　阿部志郎『福祉の哲学』誠信書房，2008年，８頁。

(2)　共助は他地域の市民など第三者による支援と区別する見解もある（川村匡由『防災福祉コミュニティ形成のために 実践編――公助をベースとした自助・互助・共助』大学教育出版，2018年，126頁）。

(3)　古川孝順『社会福祉学の探求』誠信書房，2012年，118頁。

参考文献

秋山智久『社会福祉の思想入門――なぜ人を助けるのか』ミネルヴァ書房，2016年。

阿部志郎『福祉の哲学』誠信書房，2008年。

川村匡由監修，佐藤克彦・島津淳・西崎緑編著『現代社会と福祉』電気書院，2018年。

倉田康路『クオリティを高める福祉サービス』学文社，2017年。

古川孝順『福祉ってなんだ』岩波書店，2008年。

世の中は今

高齢者を取り巻く状況は今日，国民の４人に１人，さらには今後，３人に１人が高齢者となっていくなかで，認知症の人など要介護者が増え続け，介護従事者の確保が難しくなっている，などが出現する高齢者を取り巻く状況にある。また，子育て環境においては，保育所の待機児童，子どもの貧困，児童虐待など子どもを産み育てる希望よりも産み育てることへの不安が先行する状況にある。さらに，非正規雇用の労働者が増加する中で就労は不安定となり，ホームレス（路上生活者）や生活保護世帯は増え続けている。LD（Learning Disability：学習障害），ADHD（Attention-Deficit Hyperactivity Disorder：注意欠陥多動性障害）など発達障害が障害に加えられ，障害者の人口は全人口の１割近くを占めているといわれている。少子高齢化や人口減少はさらに進み，空き家が目立ち，限界集落や限界団地と呼ばれる地域が増えていく中で，誰がどのようにして地域を支えていくのか。災害の被災者への支援，外国人労働者との共生，罪を犯した人たちの社会復帰，さらには世界的な新型コロナウイルス感染症の感染拡大……。現代の社会は社会福祉抜きでは成り立たない社会といえる。社会福祉は専門領域だけではなく，さまざまな現場でグローバルに活かされる領域である。

第2章　社会福祉の歴史

学びのポイント

本章では，日本と欧米の社会福祉の歴史について，過去の政治的・経済的な動向に関連づけながら学ぶ。特に社会福祉が対象とする生活上の諸問題に対し，国家や社会がどのように対応してきたか，制度・政策の展開，施設や地域での実践，社会福祉に生きた人々の事例を取り上げながら具体的に理解する。また，人々の生活ニーズとこれらに対する援助がどのように変化してきたかを歴史的にとらえ，社会福祉を総合的に理解して将来を展望する。

1　社会福祉の歴史を学ぶ視点

（1）社会福祉の歴史を学ぶ意義

現代の社会福祉の制度・サービスは今の時代に突然生まれたものではなく，社会の必要に応じて歴史の過程で生まれてきた，いわば歴史的・社会的な形成体である。このことは生活上の諸問題に対応する社会福祉が自助的・個人的な救済行為から公的・社会的な制度およびサービスとして発展してきたことからも明らかである。

このため，社会福祉の歴史を学ぶということは，それぞれの時代社会の中の生起する生活問題に対し，社会や国家がどのように対応してきたかを学ぶことであり，社会福祉発達史といわれる通史や社会福祉施策を理論的に分析し，その形成と展開の過程を跡づけ，これらを正確に解明する政策史，さらに社会福祉利用者と実践者の日常的，体面的な関わり合いの構造を理論的・歴史的に整理する実践史などを含む包括的な枠組みで理解していく必要がある。

社会福祉は，その時々の経済的・政治的状況の変化の影響を受けることが少なくない。時代や社会の変化に対処できる社会福祉制度を構築するとすれば，経済効率のみではなく，公平性の確保や制度・施策の総合化の視点を重視し，それら改革が真に国民生活を豊かなものにする方向で行われているかを注視する必要がある。社会福祉実践のさらなる発展のためにも歴史的な視点は決して軽視されるべきではない。

社会福祉の時代区分については，近代的な人権思想の一環として社会福祉理念が形成され，労働者階級の成長により社会福祉が成長してきたことを考慮すると，本源的蓄積とともに社会福祉の歴史が始まり，労働者階級の現代的な成長をもたらす資本主義の独占段階への移行が社会福祉の歴史にとって重要な転換点となるといえる。このことは社会福祉の歴史が近代社会の形成とともに発展するものであることを示し，本源的な蓄積が開始の下で，抽象的な人格的自由は主張されても実質的な社会的平等が本格的に提起されない段階としての前史とその後の本史に分けられる。

さらに，前史は農奴制が解体し賃金労働が形成される産業革命までの長期にわたる救貧政策の時代と産業革命により労働者階級が形成されながらも，社会的平等が課題として提起されない慈善事業の時代とに区分される。その後の資本主義の独占化に伴う構造的変化の中で，労働者階級が社会的平等を自らの課題として提起する本史については，社会事業の時代と社会福祉の時代に区分することができる。

しかし，以上の時代区分については「近代の救貧制度の基礎になる前近代社会からの相互扶助の成長，ないし受継が不十分であったからである。あわせて欧米の先進的理論の早熟的導入が問題を複雑にした[(1)]」と，日本社会に適用することは容易ではないという指摘がある。このため，日本の社会福祉の歴史の時代区分については，第１期を慈恵政策の時代（1867年の王政復古による天皇制政府の成立から憲法体制の成立まで），第２期を慈善事業の時代（1890年の窮民給与法案の議会への提案から1917年の内務省地方局における救護課の設置まで），第３期を社会事業の時代（1917年から大恐慌による国民的規模での生活破壊の見られた1932年の救護法まで），第４期を厚生事業の時代（1932年から1945年の敗戦まで），第５期を戦後社会事業の時代（1945年から高度経済成長期前までの1954年まで），第６期を社会保障の時代（高度経済成長期開始後の1955年以降）の６つに区分するものが代表的なものとなっている[(2)]。

社会福祉が過去のその国，その地域の歴史・文化を背景にして形成されてきたことを思えば，物事の時代背景と時間の流れは重要である。社会福祉は現実の社会的必要に応じ，ますます専門化し細分化しつつある。そのことは同時に，特殊性や個別性を超えた総合的理解と研究をも一層不可欠なものとしている。現代社会で生起する事柄に適切に対処するためには，歴史的考察が必要であるばかりか，物事の歴史的把握とそのための歴史的な知識なしにはそのような総合的理解はあり得ない。それだけに，社会福祉の歴史を学ぶ意味は小さくないし，現代の社会福祉を分析するためにも，将来の展望を考える上でも重要なことである。

（２）日本と欧米の社会福祉の比較史の視点

社会福祉の歴史の生成・確立・展開は特に現代に入ってからであるが，そこには自国の前史として慈善事業・感化救済事業・社会事業などが存在するため，その視座を縦の線としてどれだけ伸ばすかということが必要である。また，それと同時に横の関係，すなわち世界史的展望も欠かせない。それは社会福祉の生成・確立・展開過程に，普遍性と各国の特殊性を把握する意味で，さらには現代の世界史における各国の社会福祉の相互関連性を明らかにする必要があるからである。そうすることにより日本への影響を読み取り，その中から日本にとって意味ある実践を再確認していくことができる。

また比較歴史の方法については，社会福祉研究の領域において必ずしも確立されておらず，同時代を比較する方法もあれば発展段階を比べる方法などさまざまである。

いずれにしても，社会福祉の外国史研究の必要性と同時に自国史と異なる外国を学ぶことの意義がどこにあるのか，という問題意識を持つことは必要不可欠である。

2　日本の社会福祉の歴史的展開

19世紀中期から21世紀初頭までのこの時期，すなわち，近代日本の社会福祉の歴史は，慈善事業・感化救済事業・社会事業・厚生事業・社会福祉とその名称を変化させてきた。以下では，これらの時代とともに発展してきた日本の社会福祉の歴史を学ぶ。

（1）近代社会における救貧制度と慈善事業

明治維新以降，日本は富国強兵，殖産興業政策の下，本格的に資本主義社会を形成していった。これにより一部の農民を土地から切り離し，無産の労働者階級を出現させるとともに，他方ではそれらの農地，労働力が集積され資本者階級を生み出し，同時に新たな近代的な貧困層が出現することになった。

こうした明治初期の貧困問題に対し，明治政府は1874年12月，日本で最初の全国的な救貧法として恤救規則を制定した。もっとも，その内容は対象を「無告の窮民」に制限する制限扶助主義(3)に拠っており，「人民相互の情誼（じょうぎ）」を救済の前提とするなど封建的であった。この恤救規則は慈恵的性格が強いものであったため，これを補う形で，備荒儲蓄法（1880年），行旅死亡人取扱規則（1882年）などの関連立法が制定された。

その後，日本でも産業革命が始まり，日清・日露戦争を経て産業が発達するにつれ，労働者の貧困や都市下層社会の問題が本格的に出現した。これらの事実は横山源之助の『日本之下層社会』（1899年）などにより明らかにされ，社会問題として次第に注目されるようになっていった。

このように政府による救済がさまざまな条件により制限されていたため，民間による慈善事業の実践が活発化した。代表的なものとしては長崎の岩永マキ，ド・ロ神父らによる浦上養育院（1874年），岡山の石井十次による岡山孤児院（1887年），石井亮一の滝乃川学園（1891年），留岡幸助の北海道家庭学校（1914年），山室軍平による救世軍（1895年）などがある。また，労働者の問題に対応した新しい社会的活動として片山潜によるキングスレー館（1897年）を拠点としたセツルメント運動や職業紹介所，労働宿泊施設なども誕生した。

日露戦争後も軍備拡張を目指す政府は貧困問題に対して恤救規則のみで対応し，救助人員を大幅に削減し続けた。その一方で，1897年の伝染病予防法[(4)]，1899年の北海道旧土人保護法[(5)]，行旅病人及び行旅死亡人取扱法[(6)]，罹災救助基金法[(7)]，1900年の精神病者監護法[(8)]，非行少年の教育保護を目的とした感化法[(9)]が制定された。1910年には大逆事件による社会主義者の弾圧が行われるとともに，反政府勢力思想への高まりと社会不安の増大を懸念した政府が皇室や内務省（現・厚生労働省など）を頂点とした慈恵的政策を打ち出し，天皇の下賜金に基づいて恩賜財団済生会が設立され，感化救済事業の時代を迎えた。内務省は感化救済事業講習会，慈善事業への奨励・助成金の下付を行い，慈善事業の活性化を推進していった。

また，1911年に日本最初の労働保護立法である工場法が制定され，1916年から実施された。慈善事業の組織化に関しては1908年に中央慈善協会が設立されたが，内務省主導の連絡統制機関とならざるを得なかった。

（２）近代社会事業の展開

第一次世界大戦は日本の経済界に未曾有の繁栄をもたらしたが，大戦後の恐慌は大量の失業者を生み出し深刻な社会問題となった。このような時代を背景に，河上肇が1916年９月に「大阪朝日新聞」に連載を開始した『貧乏物語』は評判を集めることになった。それは1918年の米騒動[10]で頂点に達し，1923年の関東大震災でさらに拡大することになった。

このような経済恐慌や米騒動，関東大震災などを契機として表面化した社会問題，貧困問題に対する大正デモクラシーという民主主義的思想による社会主義運動の高まりを背景に，慈善事業の時代から社会事業の時代へと変化を遂げることになり，国は1921年８月に「社会局」を設置し，救済制度の充実を模索した。しかし，救済制度に関しては依然として恤救規則のみであり，その他の関連立法として，1919年に結核予防法，トラホーム予防法，1921年に職業紹介所法，1922年に健康保険法・少年法などが制定された。社会事業の施設としては，従来からの児童養護施設・窮民救助施設のほか，職業紹介施設・宿泊保護施設・養老施設なども創設され，施設の種類や数は飛躍的に増加し，すでにイギリス，アメリカで発達していた慈善組織協会（COS）活動，ケースワークやグループワークといった実践理論が海外から導入された。長谷川良信のマハヤナ学園（1919年）などの民間のセツルメント施設も創設され，社会事業はその社会性をさらに強めていった。専門家の養成も必要とされ，大学教育に専門教育が創設されたのもこの時期である。

さらに，社会事業の組織化として，1917年に岡山県知事笠井信一によって創設された済世顧問制度，1918年に大阪府において林市蔵知事の下，小河滋次郎が構想した方面委員制度が誕生した。これらの制度は，19世紀ドイツの都市自治体において公的な救済制度として実施されていたものを参考としていた。同制度では市内を区域ごとに分け，市民を救済委員に任命し，各地区に配置された委員が地域の貧困者の相談に応じる仕組みとなっており，代表的な都市に由来し，エルバーフェルト制度といわれた。その後，方面委員制度は地域社会の隣保相扶機能を活性化する組織として全国的に普及し，今日の民生委員制度の基礎となった。

（3）社会事業から厚生事業へ

1929年に始まった世界恐慌は日本経済を直撃し，昭和恐慌をもたらした。その結果，失業者が増加し，国民の生活はますます窮乏化していった。この結果，それまでの救済制度としての恤救規則ではもはや対処できなくなり，いよいよ新しい社会事業立法を制定する必要に迫られ，1929年に救護法が公布されたが，財政難と緊縮財政を理由に一向に施行されなかった。この事態に対し，全国の方面委員等が中心となって起こした救護法実施促進運動により，救護法は1932年１月，ようやく実施された。社会事業関係立法としては，1927年に公益質屋法，1931年に労働者災害扶助法，1933年に児童虐待防止法および少年救護法，1936年に方面委員令が成立する。

しかし，1937年には日中戦争が勃発して1938年国家総動員法が公布され，国内は本格的な戦時体制に突入した。国家総動員法は国防と戦争遂行のため，人的・物的資源を総動員することを目的としており，国民生活は耐乏生活を強要されていった。さらに1939年に第二次世界大戦に突入すると，国内の戦時体制はさらに深まっていった。その結果，社会事業行政を担当していた内務省の関連部局は解体され，「厚生省」と改称，自由主義的な思想に基づく社会事業から厚生事業へと転換し，1938年には戦争遂行のための「人的資源の確保・育成」に重点を置く厚生省が内務省社会局と衛生局を統合し，設置された。

戦時下の厚生行政は1937年，軍事救護事業の拡大として軍事扶助法，人的資源の確保・育成として母子保護法，1938年，国民健康保険法・社会事業法，1941年には医療保護法などを制定する。このように戦時体制下の社会事業は細分化され，整備・充実が図られたが，それらは結局，戦争遂行体制の充足を図る一手段の域を出ることはなかった。そして，人的資源として有用とみなされない障害者や高齢者に対する救済政策は，貧弱なものとならざるを得なかった。

（4）戦後社会福祉の成立

1945年8月，日本は敗戦を迎え，連合国軍最高司令官総司令部（GHQ）の占領下におかれた。国民生活は戦争による生活破壊と戦後の経済的・社会的混乱から国民総飢餓状態となり，特に戦災者，引揚者，失業者，母子，孤児，障害者，復員軍人，浮浪者などの生活は深刻な状態であった。戦後のこうした膨大な貧困層の出現に対し，GHQにより戦後改革の一環として民主化と非軍事化を基調とした福祉改革を行った。

まず，同年12月にGHQの指示で政府は「生活困窮者緊急生活援護要綱」を閣議決定し，応急対策とした。そして，GHQは「救済並びに福祉計画の件」として政府に覚書を示し，公的扶助の抜本的検討を迫った。さらに，翌1946年2月，「社会救済に関する覚書」（公的扶助に関する覚書：SCAPIN775）において社会福祉行政改革の方針を日本側に提示した。その内容は4原則と呼ばれ，①無差別平等，②救済の国家責任，③公私分離，④救済費非制限というものであった。この考え方が，日本国憲法の人権・平和・民主主義の理念とともに戦後社会福祉の理念と原則として構築され，新しい民主的な社会福祉施策が推し進められていった。

政府はGHQの方針を尊重する形で1946年9月，生活保護法（旧法）を制定した。もっとも，同法には欠格条項など慈恵的な色合いが強く残っており，さらなる改正の必要があった。このため，政府は1949年，社会保障制度審議会[(11)]の「生活保護制度の改善強化に関する件」の勧告に基づき，生活保護法（旧法）を全面改正し，1950年5月，日本国憲法第25条の生存権理念に基づくことを謳った生活保護法（新法）を制定した。

戦後の混乱した社会状況の下での緊急課題の一つとして浮浪児対策があった。終戦直後の児童問題に対しては民間の児童施設等が対応していたが，全国的な規模での対応が必要となり，従来の少年救護法，児童虐待防止法，母子保護法等の児童保護制度の統一的な見直しを行った。その結果，1947年12月に児童福祉法が制定され，同法で初めて「福祉」という名称が立法名に登場することになった。

また，1949年12月には身体障害者福祉法が制定された。この法律は身体障害者に対する更生保護をその目的としたが，当時，政府が把握していた身体障害者の多くが退役傷痍軍人であったため，非軍事化政策を推進していたGHQの意向に合わず，その制定が遅れていた。このようにして戦後の社会福祉は生活保護法，児童福祉法，身体障害者福祉法という，いわゆる「福祉三法」体制の下でそのスタートを切った。

1949年11月，GHQとともに政府は「体系整備のための6原則」として，①厚生行政地区制度の確立，②市厚生行政の再編，③厚生省の助言的措置及び実施事務，④公私責任分野の明確化，⑤社会福祉協議会の設置，⑥有給専門吏員の現任訓練を確認し，目標完成年を1951年4月とした。これらを内容とし，立法化したものが1951年の社会福祉事業法である。同法の制定によって福祉事務所が設置され，有給専門職員が誕生し，社会福祉協議会が置かれ，有給専門職員としては社会福祉主事が位置づけられた。また，1950年10月，社会保障制度審議会の「社会保障制度に関する勧告（50年勧告）」によって，ベヴァリッジ報告と同様，社会保険を中心とした社会保障の総合的かつ一元的な運営が提起された。

翌1951年，対日講和条約および日米安全保障条約の締結により，1952年，日本がアメリカ軍駐留という条件つきで独立し，日本独自の施策が実施されはじめた。もっとも，1954年度には社会保障予算の大幅削減案が発表され，大規模な社会保障予算削減反対運動が各地で展開された。全国的な社会保障に対する関心の高まりにより，1957年に「人間裁判」といわれた朝日訴訟[(12)]が東京地裁へ提訴された。この朝日訴訟はその後，10年間の裁判闘争で生活保護基準の劣悪性，社会福祉行政の貧弱さを明らかにし，日本の社会福祉運動史上，重要な出来事となった。

その後，1960年代に本格的な高度経済成長期を迎えたが，この時期，工業地帯周辺と大都市に人口が集中し，住宅問題や交通問題，公害問題，核家族化問題，高齢者問題などが出現した。地方の農村では人口流出による過疎化問題，出稼ぎ問題，農業の後継者問題などが深刻化し，社会福祉ニーズが量的，また質的に変化した。その結果，疾病と貧困の悪循環に関する対応策として，1958年に国民健康保険法，高齢者の老後不安への対応策として1959年に国民年金法が制定され，1961年には国民皆保険・皆年金体制が実現した。さらに，1960年に精神薄弱者福祉法（1998年，知的障害者福祉法と改正），1963年に老人福祉法，さらに1964年に母子福祉法（1981年，母子及び寡婦福祉法，2014年，母子及び父子並びに寡婦福祉法に改正）が制定され，福祉六法体制が確立することとなった。

また関連立法として，1961年に母子家庭の児童を対象とした児童扶養手当法，1964年には重度知的障害児を対象とした重度精神薄弱児扶養手当法（1974年に「特別児童扶養手当等の支給に関する法律」と改正）が成立した。さらに，1970年代，厚生省は「厚生行政の長期構想」や「社会福祉施設緊急整備５ヵ年計画」などを発表し，各種施設の近代化の促進およびマンパワーの確保を重要な課題として注目しはじめた。

（5）社会福祉の見直しから改革へ

1973年度は，当初予算において社会保障関係予算が飛躍的に伸びたことにより，「福祉元年」と呼ばれた。その主な施策は５万円年金，老人医療費無料化[(13)]，難病対策などであった。もっとも，その一方で健康保険料など各種公共料金が値上げされ物価上昇を招いたため，「福祉元年」は福祉の充実のためには国民の税等の負担が高くなるのが必然である，という「高福祉・高負担」の始まりともいえた。

しかし，「福祉元年」から間もない1973年の秋，石油ショックが発生し，その影響でインフレ，物不足，物価上昇が起こり，企業倒産，失業者が続出した。その結果，1974年度の日本経済は戦後初めてマイナス成長となり，その後は本格的な経済低成長期に突入していった。この時期，「福祉元年」から一転して「福祉抑制」「福祉見直し」へと移行していくことになり，福祉の充実は経済成長によってのみ可能となるという従来の政策はこの時期に完全に破綻(はたん)し，新しい社会福祉施策のあり方が課題となった。

政府は1979年に「新経済社会七ヵ年計画」を発表し，日本が目指す新しい「福祉社会」について，これまで日本の社会福祉のモデルでもあった欧米先進国の福祉国家を否定し，個人の自助努力，家族，近隣との相互扶助連帯，企業福祉，民間活力および市場システムを重視し，社会保障施策は自助努力や家庭福祉などが機能し得ない場合の補完とする「日本型福祉社会[(14)]」を提案した。政府は財政再建優先という基調の下，「福祉見直し」を行うことになり，行政権限は「国から地方へ」，福祉施策も「公立から民間へ」とし，その重点は在宅福祉・民間福祉に転換されていった。こうして日本においては戦後40年を経て，経済大国としてその地位を確立し，その名に見合う社会福祉立法・制度構築の必要性がより重要視されるようになる一方，諸立法・制度の改革の時期が迫っていた。

具体的には，1982年には老人保健法が制定され，社会福祉基本構想懇談会が1986年５月，「社会福祉改革の基本構想」を提言した。そして，社会福祉制度の中期的な見直しを検討する福祉関係三審議会合同企画分科会は，1989年に「今後の社会福祉の在り方について」の意見を発表，社会福祉改革は「ノーマライゼーション」と「インクルージョン」をその理念とし，福祉サービスを中心に行うこととされた。改革の具体的な内容として，市町村の役割重視，在宅福祉の充実，民間福祉サービスの育成，受益者負担や応能負担[(15)]，担い手のマンパワーについて提言された。

また社会福祉の専門職については，福祉関係三審議会合同企画分科会で1987年３月，「福祉関係者の資格制度について」の意見具申をまとめ，厚生省が社会福祉士及び介護福祉士法案を作成し，同年５月成立している。社会福祉専門職の法制化は社会福祉関係者の長年の希望であったが，同法の国家資格はあくまで名称独占のみの資格法であり，他の専門職のように業務独占でないところに今後の課題が残されている。

その後，戦後の総決算と21世紀に向けての社会福祉改革が急速に展開され，政府は1989年12月に1999年までの目標値を盛り込んだ「高齢者保健福祉推進十か年戦略（ゴールドプラン）」を策定し，それまでの施設収容中心主義から在宅福祉の重要性を強調した。さらに，ゴールドプラン策定の翌1990年６月，社会福祉関係八法[(16)]改正を行い，「老人福祉法等の一部を改正する法律」を制定した。その結果，1993年４月から市町村における在宅，施設双方の保健福祉サービスの一元的かつ計画的な提供体制が整備された。さらに，1994年，高齢社会福祉ビジョン懇談会が提出した『21世紀福祉ビジョン――少子・高齢社会に向けて』では，「適正給付と適正負担」に基づく福祉社会像が示され，1995年度から「新・高齢者保健福祉推進十か年戦略（新ゴールドプラン）」，「今後の子育ての支援のための施策の基本的方向について（エンゼルプラン）」，「障害者プラン――ノーマライゼーション７か年戦略」の３つのプランが策定され，具体的な整備目標数値が示された。

また，同年の社会保障制度審議会勧告の「社会保障体制の再構築に関する勧告――安心して暮らせる21世紀の社会を目指して（95年勧告）」は，21世紀の社会福祉の姿を国民全体の連帯によって構築すべきことを強調し，とりわけ，高齢社会の介護問題に対応するための介護保険制度の創設を主張した。その結果，高齢者などの介護の問題が社会的問題としても論議されるようになり，1997年12月に介護保険法が成立した。同時に福祉の権限と財源の中央集権化に対する是正も求められ，1995年５月には地方分権推進法が成立した。このように社会福祉分野においても，住民生活の一番身近な市町村が責任をもって福祉実現を積極的に推進していくことが望まれるようになっていった。

特に21世紀の日本は少子・高齢化，核家族化の進行とともに経済・金融だけでなく，情報化，国際化の領域などでもかつてない大きな変化が起ころうとしていた。このような状況下で増大し，かつ多様化する福祉需要に対応するため，社会保障・社会福祉分野においても再編の必要性が出てきた。1997

年からの中央社会福祉審議会社会福祉構造改革分科会などにより，1998年６月，「社会福祉基礎構造改革について（中間まとめ）」が公表され，その後，「社会福祉基礎構造改革を進めるに当たって（追加意見）」がとりまとめられた。

これらの内容の最大の特徴はこれまでの措置制度を見直し，利用者が福祉サービスを選択し契約利用する制度に転換するという点にあった。さらに，福祉サービス分野に適正な競争原理を導入し，多様な事業体の参入の下，福祉サービスの質の向上を図り，そこに第三者機関によるサービスの質の評価を導入し，利用者の権利擁護，苦情解決のシステムを整備するとした。また，自治体においては「地域福祉計画」を策定し，地域の福祉ニーズに対応した計画的なサービス提供を推進することとした。このほか，サービスを支える人材育成，社会福祉法人の設立要件緩和，運営の弾力化，社会福祉事業の範囲拡大などが盛り込まれた。

さらに，2000年４月には介護保険法が施行されるとともに，同年６月には1951年制定の社会福祉事業法が約50年ぶりに改正され，名称も新たに社会福祉法となった。そして，社会福祉制度は措置制度から利用者が選択する契約制度へ転換するなどの改革が行われた。障害者に対する福祉サービスについても，2006年度からは障害者自立支援法に基づき，障害者に対する福祉および公費負担医療サービスが一元的に提供されるようになった。その後，同法は2013年度から障害者総合支援法と改題され，難病患者の人々も支援対象となった。

（６）社会福祉の再構築とそのゆくえ

政府は2009年，相対的貧困率[17]を公表，2010年には「生活保護基準未満の低所得世帯の推計について」を発表した。さらに，2011年３月11日に起きた東日本大震災の地震・津波による甚大な被害，および東京電力福島第一原子力発電所事故は，人の命の尊さ，人々の支え合いの大切さ，生活保障のための制度の確立などを根本的に問う契機となった。

一方，貧困対策としては2011年度から始まった求職者支援制度と2013年に制定された「生活困窮者自立支援法」が，「第２のセーフティネット」として相次いで誕生した。2014年には「子どもの貧困対策の推進に関する法律（子どもの貧困対策推進法）」が施行され，貧困の連鎖を断ち切ることが国の責務となった。

また，高齢者分野では2013年に「認知症施策推進５か年計画（オレンジプラン）」の策定，2015年に「認知症施策推進総合戦略（新オレンジプラン）」の策定，2014年に医療介護総合確保推進法の制定，2018年に介護保険法の改正などの施策が次々と展開されていった。

社会福祉全体の動向では，福祉ニーズの多様化・複合化を背景に，2016年に公表された「ニッポン一億総活躍プラン」により，「地域共生社会の実現」を構築することになったため，2017年に厚生労働省内に「『我が事・丸ごと』地域共生社会実現本部」が設置され，①地域課題の解決力の強化，②地域丸ごとのつながりの強化，③地域を基盤とする包括的支援の強化，④専門人材の機能強化・最大活用という４つの柱が挙げられ，改革を行うことになっている。

保健・医療の分野においては，グローバル化による人の移動，開発による環境の変化などにより，1970年以降，新興感染症が出現したため，日本ではそれまで感染症対策を担ってきた伝染病予防法，性病予防法，エイズ予防法を1998年10月に廃止・統合し，「感染症の予防及び感染症の患者に対する医療に関する法律（感染症法）」が制定され，翌1999年４月より施行された。

しかし，2020年の新型コロナウィルス感染症の世界的な流行の拡大は，日本においても多くの死者・感染者を出し，保健・医療の分野における感染症を取り巻く状況は厳しさを増している。今後も幅広い分野にさまざまな影響を及ぼすことになるだろう。

3　欧米の社会福祉の歴史的展開

社会福祉は資本主義社会の成立とその展開に関連し，成立し発展してきたといわれている。以下では，資本主義社会がいち早く発達し，社会福祉の歴史が17世紀前後の救貧法から論じられているイギリスの歴史的展開，さらに，その歴史的展開を基軸として欧米における社会福祉の成立と発展について述べる。

（1）イギリスにおける社会福祉の歴史

1）キリスト教による慈善の転換

欧米の貧民対策の歴史は古い。その源流を遡るとキリスト教における慈善という宗教的な価値観にたどり着く。中世封建社会においてはキリスト教が社会に深く浸透し，教義的に貧民たちを救済することに一定の意義はあったため，ヨーロッパ各地の王侯や貴族，修道院などによって大規模な慈善事業が行われた。

しかし，16世紀に起こった宗教改革によって台頭してきたプロテスタントの教義の下では労働と勤勉さに基づく経済的自立が望ましいとされ，貧民に対する救済は宗教上の意味を失い，貧困は怠惰や不道徳などの結果として貧民個人の問題として考えられるようになった。特にイギリスでは羊毛増産のための農作地の第一次囲い込み運動（エンクロージャー）[18]が進められ，多くの農民が土地を追われた。さらに相次ぐ戦争と国王ヘンリー８世による教会領の没収と僧院解体などにより，貴族や修道院など慈善事業の担い手が没落し，多くの貧民が路頭に迷うことになった。このような状況に対し，1530年代から浮浪化して社会秩序を乱すような貧民を処罰したり，都市部から締め出すための法律がつくられたりしたが，効果はなかった。

2）中世から近世までのヨーロッパ社会

中世ヨーロッパ社会では，農民たちは荘園内部での地域共同体による相互扶助，あるいは領主によってその生活をある程度守られていた。また，都市でも市民たちは基本的な構成単位とされた商人ギルドや職人ギルドといったギルドの相互扶助により，生活問題に対応することができた。

一方，こういった地域，あるいは職域の共同体扶助の援助を期待できない困窮者を救済したのがキリスト教による慈善であった。歴代のローマ法王は教区司祭に救貧の義務を説いたため，教区を中心とした貧民救済活動は次第に活発となった。当初は旅行者に休憩施設を提供する程度にすぎなかったが，やがて寺院宿泊所となり，さらに外国人や高齢者，病人，孤児のための入所施設が設けられた。こうした施設の運営は各教区に納められた税金や寄附金，遺産寄進などによって賄われた。

3）救貧法の成立と展開

14～15世紀のイギリスでは農業革命，その後の囲い込み運動（エンクロージャー）などによる農奴制の崩壊により，大量の貧民が発生した。その後，世界に先駆けて資本主義経済体制を確立し，富の蓄積が図られたものの，他方においては貧困問題をはじめ，多くの生活問題を発生させ，貧民問題はイギリス国家の大問題となった。

こうした中，エリザベス１世統治下のイギリスでは貧民の救済，就労の強制，並びに浮浪者の排除を目的とした，貧民に対する抑圧的・懲罰的な条例が実施され，1601年にはそれらを集大成したエリザベス救貧法が公布された。もっとも，この法律の内容は救貧法と言うには程遠く，労働能力の有無を基準に，①労働可能な貧民（有能貧民）に対しては強制労働を課し，これを拒絶する者に対しては，懲治院または一般の監獄への収容，②労働不可能な貧民（無能貧民）に対しては親族扶養を義務とし，これができない場合には救貧院に収容し最低の生活扶助を与え，③扶養者のいない児童に対しては徒弟奉公という名の強制労働が男子は24歳まで，女子は結婚年齢まで行われた。

このように，救貧法は社会的原因によって貧困問題を抱えた貧民や高齢者，障害者，児童を，治安対策上から懲罰的に取り締ることから始まった。

その後の救貧法は1662年の定住法（居住地法）により救済を求めて移動する貧民を制限したり，1722年の労役場テスト法によって労役場への収容を拒否する貧民に対しては救済を受ける資格を与えないなど，ますます非人道化していった。このような動向に対し，産業革命期の初期の段階で一部の人々から救貧法改正の必要性が主張された。その結果，1782年にギルバート法，1795年にスピーナムランド制度が成立した。前者は，有能貧民を失業者とみなし雇用を斡旋し院外救済を行い，高齢者や病人・孤児・母子など無能貧民に対しては労役場を保護施設とし，そこで院外救済を行った。後者は，パンの価格を基準として家族数を勘案して最低生活費を算定し，労働賃金がその基準に満たない者にはその差額を救貧税より支給するという賃金補助制度を採用した。もっとも，こうした救貧法の改革は他方において救貧費用の増大や労働賃金の低下を招き，その結果，市民に対する救貧税負担の増加となって新たな問題を引き起こすことになった。

産業革命の発展とともに貧民への公的救済に消極的な自由放任主義の経済思想が支配的になると，政府はこれらを採用し，1834年に新救貧法を制定した。とりわけ，新救貧法に思想的根拠を与えたのはロバート・マルサス（T. R. Malthus）の『人口論』（初版，1798年）であった。これは，公的救済に関して，①救済は全国的に統一した方法で行われること（均一処遇の原則），②労働能力のある貧民を労役場に収容し，収容を拒否する者にはいかなる救済も与えない（有能貧民の労役場収容の原則），③被救済者の生活水準は最低階級の独立労働者の生活水準より低位にしなければならない（劣等処遇の原則）[(19)]という三大原則を確立した。新救貧法の目的は救貧行政の中央集権化と救貧税の増大を阻止することであり，旧救貧法の厳格かつ抑圧的方法を復活させたものであった。

4）慈善事業の近代化

貧困問題に対し消極的な新救貧法の下で，貧民救済に積極的に対応したのが民間の慈善事業であった。もっとも，その慈善事業に対する評価は必ずしも先駆的・実験的役割というプラス面だけではなく，非組織的，あるいは無差別的救済という面で多くの問題を内包していた。

これらの問題に対し，慈善事業の近代化を図ったのが1869年に設立された慈善組織協会（COS）である。慈善組織協会は慈善事業団体・組織の連絡調整と組織化，救済の適正化のための貧困者への個別調査として友愛訪問の導入などを行った。そして，この活動の中から社会福祉の専門技術であるケースワークやコミュニティ・オーガニゼーションなどの先駆的技術が誕生した。もっとも，この協会の救済活動では，貧困の原因を個人の責任とみなしたり，救済に値する貧民は自立可能な貧民であり，そのような人々だけを救済の対象とするなどの限界もあった。

この時期，慈善組織協会とともに慈善事業の近代化に貢献した福祉実践としてセツルメント運動がある。セツルメント運動は貧困の原因を社会的なものとして認識し，慈善や施与だけでは貧困問題は解決できず，社会改良こそが重要であり，貧民教育の必要性を説いた。このため，教養のある人々がスラムに移り住み貧民と一緒に生活し，人格的・教育的接触を通じて地域の改善を進め，住民の主体的な力を育てて貧困の解決を図ろうとした。この思想はデニスン（E. Denison）によって確立され，その後，バーネット（S. Barnett）らによって展開された。そして，1884年にはバーネットが中心となり，オックスフォード・ケンブリッジの両大学の関係者によって，ロンドンのイースト・エンドに世界初のセツルメント運動の拠点としてトインビー・ホールが設立された。

具体的には，貧民への教育的事業，住環境改善，地域住民の組織化，住民の生活実態調査などが行われた。セツルメント活動は，社会福祉の専門技術であるグループワークやコミュニティ・オーガニゼーションの発展への貢献が評価されている。

5）近代社会事業の成立

19世紀末，産業革命後進国であるアメリカやドイツの発展に伴い，資本主義は新たな段階へ突入した。国内的には産業の独占化が進み，1873年から始まった大不況は各地に大量の失業者を生み出した。このような状況下，イギリスで貧困に関する２つの重要な社会調査が行われた。

その一つはチャールズ・ブース（C. Booth）によってロンドンで実施された貧困調査で，『ロンドン市民の生活と労働』（1902〜1903年：全17巻）として報告されている。これは1886年から1902年までの長期間にわたって実施されたもので，調査の結果はイースト・ロンドンの人口の３分の１が貧困または極貧の状態にあること，さらに，その原因が当時の人々が考えていた個人的道徳的欠陥（飲酒・浪費等）ではなく，社会的なもの（不規則労働・低賃金・疾病・多子等）であることを明らかにし，調査結果において「貧困線[20]」を設定した。

もう一つは，シーボーム・ラウントリー（B. S. Rowntree）によるヨーク市で実施された貧困調査である。ラウントリーはブースの影響を受け，同じくイギリスのヨーク市で1899年・1936年・1950年の計３回にわたり貧困調査を行い，第１回調査の結果を1901年に『貧困——都市生活の研究』として発表した。その中で，ラウントリーは貧困を「第一次貧困」（その総収入が単なる肉体的な能率を保持するために必要な最低限度にも足らない家庭）と「第二次貧困」（その総収入の一部を他の支出に振り向けない限り単なる肉体的な能率を保持することが可能な家庭）に分け，その合計がヨーク市全人口の27.84％，全賃金労働者の43.4％という深刻な状況にあることを明らかにした。

そして，第一次貧困の直接的原因は，低賃金を理由とするものが最も多く，51.96％を占めていることを指摘したのである。さらに，彼は労働者のライフサイクルを提示し，その労働力と家族の状態の変化に伴って，一生のうち，少なくとも３回（骨格形成の幼少年時代，壮年盛りの早期中年時代，老年時代）は第一次貧困線以下の生活をせざるを得ない状態に陥るという考え方を示した。労働者の収入は長期にわたる十分な貯蓄を決して許さず，個人の倹約や相互扶助などが行われたとしても，それは貧困循環の犠牲を軽減するにすぎないため，これらの時期への対策が社会的に必要であると考えたのであった。これらの貧困に関する科学的調査は救貧法に対する批判の科学的根拠を提供し，後の社会保障制度の生成に重大な影響を与えるものとなった。

1906年の総選挙で勝利した自由党内閣は，選挙権を獲得した労働者階級の要求の高揚などに対し，積極的な社会改良のための政策を展開していった。具体的には，1906年に学童給食法，1907年には学童保健法，1908年の無拠出老齢年金法，児童法，1909年の職業紹介法，最低賃金法などの一連の社会立法である。

また，この時期，現行の救貧法について検討する機関として，1905年に「救貧法および失業者救済に関する王命委員会」が設置された。この委員会は，1909年にその結果を多数派報告と少数派報告に分け報告した。慈善組織協会出身委員を中心とする多数派は現行救貧制度の改良を主張し，私的慈善と公的扶助を結びつけることを主張した。ウエッブ（B. Webb）を中心とする少数派は，救貧制度の解体を前提としてナショナル・ミニマム[21]の実現と制度の廃止を求めた。もっとも，政府はいずれの報告も採用せず，救貧法は，1948年の国民扶助法が制定されるまで存続することになった。

救貧法の存続を選択した政府は，イギリス社会における不況の慢性化と大量の失業者の発生に対し，1911年に国民保険法を制定し社会保険を導入した[22]。同法は第１部の健康保険と第２部の失業保険から成り立っていた。このことは疾病者と労働能力のある貧民の救貧制度からの離脱を意味していた。さらに，1934年には失業法によって失業保険（第１部）と失業扶助（第２部）が統合され，救貧法は，「労働能力のない貧民」を対象とした救済制度に姿を変えた。

６）福祉国家の形成

第二次世界大戦中の1942年，イギリスのみならず世界各国の社会保障制度の確立に大きな影響をもたらしたベヴァリッジ（W. Beveridge）を委員長とする委員会による『社会保険及び関連サービス』，いわゆる「ベヴァリッジ報告」が提出された。同報告は，社会の発展を阻む窮乏，疾病，無知，失業，不潔の「５つの巨人」への戦いとして総合的社会政策の確立の必要性を強調した。ナショナル・ミニマム（国民最低限）とユニバーサリティ（普遍性）の原則の下，社会保険でニードの大部分をカバーし，公的扶助はそれ以外の特殊なケースに対応する補完的役割を持つものと位置づけた。

1945年に成立した労働党内閣は「ベヴァリッジ報告」を基礎とし，同年に家族手当法，国民保険（産業災害）法，1946年に国民保険法，国民保健サービス法（NHS）を制定した。そして，1948年の国民扶助法をもって救貧法は廃止となり，救貧法体制に終止符が打たれた。これによって，イギリスは「揺りかごから墓場まで」の生活を保障した福祉国家への道を歩みだした。

ベヴァリッジ報告による社会保障計画は，社会保険における均一拠出・均一給付を行うことにより，ナショナル・ミニマムを保障することであった。もっとも，この均一拠出主義に基づく保険料は最低所得者の負担能力により制約され，それに伴う給付水準の低位性という事態を招いた。その結果，国民扶助受給者が激増し，社会保障財政に大きな影響を与えたのである。このため，1960年には国民保険法が改定され，拠出・給付の両方に所得比例制を導入するなどの修正が行われ，その後，ベヴァリッジ体制の均一拠出・均一給付制は崩壊の一途をたどった。

そして，1966年の社会保障省の設置に併せ，扶助のスティグマを払拭（ふっしょく）し，給付が国民の権利であることを明示するため，国民扶助を補足給付と改めることとした。第二次世界大戦後の社会保障関連法は国と自治体の事務分担を明確にし，地方自治体の社会福祉行政の領域を拡大した。

また，この時期，ソーシャルワークでは，1959年に「ヤングハズバンド報告書」が発表され，ソーシャルワークの役割について初めて議論されることになった。1960年代はそれまでの貧困のとらえ方に一石を投じる研究がタウンゼントらによって行われた。それは，ラウントリーが提唱した「絶対的貧困」に替わる「相対的剥奪[23]」と呼ばれる貧困の捉え方であった。さらに，1968年に発表された「シーボーム報告」は，自治体の社会福祉サービスのあり方についての検討を行い，児童・福祉・保健などの各部局に分散している福祉業務の一本化，コミュニティに根ざした家族向けのサービスの具体化，ソーシャルワーカーの専門性や養成訓練課程の検討などを提言したものであった。これを受け，1970年に地方自治体社会サービス法が制定された。同法により自治体に社会サービス局が設置され，ソーシャルワークの基盤づくりに大きな役割を果たした。

イギリスでは1970年代以降も貧困研究が行われたが，２度にわたるオイルショックによる経済不況などに際し，1979年に誕生したサッチャー（M. Thatcher）による保守党政権は，これまで労働党政権が推し進めてきた福祉国家政策について大幅な見直しを断行した。当時，イギリスはすでに高齢化社会に突入しており，高齢者福祉に関する公費負担が増加していた。このため，老人福祉対策をはじめとする各部門の福祉対策を民営化によって乗り切り，コミュニティ・ケアを推進することにした。

そして，1988年には「コミュニティケア：行動のための指針（通称：グリフィス報告[24]）」の提出により，国民に人気があった国民保健サービス法が見直され，1990年には国民保健サービスおよびコミュニティ・ケア法を成立させた。人口の高齢化や医療技術の発展等により増加した医療費を抑制するため，病院間に競争原理を導入し，サービスの効率化を図った。このようにサッチャー政権下では財政全般にわたる引き締め策が実施され，社会保障および社会福祉経費に大幅な削減が行われた。当時のこうした動向はイギリスのみならず，資本主義経済体制をとる多くの国々のその後の社会福祉に影響を与えることになり，新自由主義路線の福祉国家否定のモデルとなった。

その後，1997年に誕生したブレア（T. Blair）による労働党政権では社会保障費用の増大や所得格差の拡大，福祉制度への依存という課題に取り組むため，従来の労働党政権の「高福祉・高負担による福祉国家政策」，保守党政権の「福祉抑制」のどちらでもない「第三の道」を選んだ。それは「働くための福祉プログラム」の推進，すなわち，「ワークフェア」を重視する福祉国家の再構築であった。

（2）アメリカの社会福祉の歴史と展開

1）救貧法と自助の精神

植民地時代のアメリカは豊かな土地と資源に恵まれる半面，貧しい移民などの貧窮者の問題に直面していた。そこで，イギリスにならって救貧法を創設し，独立後も継続して州単位の救貧制度を実施していた。その後，工業化の進展に伴って賃金労働者が増加する一方，循環的に発生する恐慌は低賃金失業という不安定な生活を引き起こした。大部分の州は救貧院を設置して困窮者を救済したが，労働可能な貧民は救済対象から除外されていた。

当時のアメリカは自由放任主義に基づく思想が支配的であり，未開の土地と資源が自助の精神と労働能力さえあれば自活できる，という考え方があった。その結果，救貧法は道徳的に悪で，経済的にも不健全だとみなされていたのである。

2）民間慈善活動と社会事業の誕生

19世紀には生活に困窮する労働者がさらに増大し，制限的な公的救貧制度に対し，民間の活動が多岐にわたり展開された。その一つは，慈善事業の組織化だった。慈善組織協会（COS）と類似した活動として，1843年にニューヨークに設立された「貧民状態改良協会」（AICP）[25]があるが，その後イギリスの影響を受け，1877年にバッファローに慈善組織協会が設立され，その後，アメリカの各都市に拡大していった。中でも，フィラデルフィア慈善組織協会の総主事であったメアリー・リッチモンド（M. Richmond）はCOS活動の経験を整理し，1917年に『社会診断』を著し，その後のケースワーク理論の基盤形成に貢献した。これらの活動を通し，その後のソーシャルワークの発展に貢献するケースワークの方法，ケースワーカーの訓練などを積極的に開発した。

もう一つはセツルメント運動だった。この時期には都市人口が急激に増大し，都市にスラム地区が目立ちはじめた。スラム地区の劣悪な環境を改善するため，イギリスのセツルメント活動がアメリカにも導入され，1889年にアダムス（J. Addams）などがシカゴにハル・ハウスを設立し，移民などに対する教育プログラムの実施や住民や労働者の組織化を行い，婦人参政権や社会改良運動を積極的に推進した。社会的弱者としての貧民や移民，そして，女性たちの声を代弁することで社会の仕組みや法制度の改善を求めようとしたセツルメント運動は，後に援助者としてのアドボカシー[(26)]，ソーシャルアクション[(27)]などの役割の生起に影響を与えている。

また1901年から1920年頃まで，アメリカでは慈善事業の社会化を進める動きが盛んになった。その契機となったのが博愛事業の活動だった。この活動はアメリカの繁栄と大資本，さらに財団の資金力を背景に急速に発展し，民間の各種慈善事業を支援した。カーネギー財団（1905年），ラッセル・セージ財団（1907年），ロックフェラー財団（1913年），コモンウェルス基金（1918年）などが教育や福祉のために設立され，これらの活動は現在も継続されている。

3）社会保障法の成立

1929年に発生した大恐慌は大量の失業者を発生させ，国民の生活を直撃した。この状況に対し，当時の大統領，フーヴァー（H. C. Hoover）は自助の精神を強調する政策を継続し，何ら具体的な対応策を実施しなかった。その結果，失業者はますます増加したため，1933年に大統領となったルーズベルト（F. D. Roosevelt）はニューディール政策を発表し，その方針を大きく転換した。具体的な対策の内容は，公共事業による労働力の確保・連邦政府による救済事業のための補助金の交付などの計画策定，公共事業による失業対策の実施に関するものであった。1935年には自助の精神を強調する反対派を押し切り，「社会保障法」を成立させた。

その目的は，①失業保険制度の施行，②老齢年金の提供，③視覚障害者，聴覚障害者，身体障害者，高齢者，養育児童に対する援助であり，２種類の社会保険制度（老齢年金と失業保険），３種類の特別扶助（高齢者，視覚障害者，要扶養児童を対象とした扶助），および社会福祉サービス（母子保健サービス，肢体不自由児サービス，児童福祉サービスなど）から構成されていた。医療保険は含まれていなかったが，社会保障法の成立により公的な社会事業のウェイトが大きくなり，アメリカの社会福祉の歴史を大きく変えた。大恐慌後の1940年以降には失業者数は急速に減少するが，これはニューディール政策の効果というよりも第二次世界大戦下，軍需産業と兵員需要が拡大したことも影響したといわれている。

４）貧困の再発見

社会保障法は，アメリカの社会で支配的であった自由放任の思想を転換させ，政府が貧困者に対して社会的サービスを提供することを促した。もっとも，1960年代にはアメリカ社会が豊かさと繁栄の陰に貧困と人種差別問題を抱えていることが表面化してきた。公的扶助受給者が増加の一途をたどり，対策としての引き締め策は効果がなかった。一方で，ハリントン（M. Harrington）による『もうひとつのアメリカ』（1964年）などにより，多数の貧困者が存在することが示され，連邦政府は貧困の存在を認めざるを得なくなった。

そこで，政府はジョンソン大統領の下で「貧困との戦い（war on poverty）」を宣言し，①職業訓練を中心とした雇用対策事業，②成人教育およびヘッド・スタート（子ども向け就学前学習）などの教育事業，③農家融資および中小企業融資などの融資事業，④貧困者のためのボランティア訓練・派遣事業，⑤地域での生活問題への取り組み活動（コミュニティ・アクション・プログラム）など一連の貧困対策を実施した。これらの貧困対策は，一定の効果はみられたものの，時期的にベトナム戦争の拡大と重なったため，税源が乏しく効果は限定的であった。

また，アメリカ社会における貧困問題は，人種問題と深く関わっていた。1950年代以降に始まったアフリカ系アメリカ人の抗議運動が全土に広がり，マーティン・ルーサー・キング牧師（M. L. King）を中心とした公民権運動(28)が活発化し，1964年に公民権法が成立した。その後，この流れは積極的差別解消是正措置（アファーマティブアクション）として，福祉権運動に引き継がれている。

5）大きな政府への批判

1965年の社会保障法改正では，高齢者を対象としたメディケア（医療保険）と低所得者等を対象としたメディケイド（医療扶助）が創設されたが，公的な福祉サービスについては，まだ体系化されていなかった。そして，1974年に社会保障法「タイトルXX」が制定され，所得保障と福祉サービスを分離させた。同法によって，福祉サービスについては州政府が担うことになり，高齢者や障害者の地域生活を個別に支援するパーソナル・ソーシャルサービスが確立された。

しかし，結果的には連邦政府の財源赤字を次第に増長させ，「大きな政府」に対する批判を生み出すことになった。レーガン大統領が1980年に選挙に勝利した後，1981年，「国防強化・福祉削減」の施政方針に基づき，外交では「強いアメリカの再生」，内政では「小さな政府(29)」策をとった。このため，連邦政府の経済介入を縮小させ，大幅な減税と政府支出削減，規制緩和によって民間企業を活性化させることを唱える一方，軍事費を大幅に増大させた。このようなレーガン大統領の政策は「レーガノミクス」と呼ばれた。

彼は自助というアメリカの伝統的な価値観を強調し，「福祉の見直し」といえる福祉制度の改革を行った。レーガン政権は公的扶助の組織に構造的な無駄があるとし，福祉支出削減の対象として貧困者を選択し，貧困者のための福祉プログラムの支出を切り詰めた。福祉予算の削減によって要扶養児童家庭扶助（AFDC）[30]やフードスタンプへの連邦政府による補助金は縮小されていった。

その後，1992年に医療保険制度を争点に政権を獲得したクリントン政権は連邦政府の赤字削減に向け，福祉改革の実施を迫られた。1996年，「個人責任及び就労機会調整法」はアメリカの福祉改革を象徴するもので，「福祉から就労へ」という伝統的な考え方がより一層鮮明となり，諸制度が改革されていった。AFDCは貧困家庭一時扶助（TANF）[31]へと名称変更され，連邦政府からの補助金支出も定率補助から一括補助となり，州政府の給付に関する裁量も大きくなっていった。アメリカにおける一連の福祉政策は州政府への権限移譲，就労機会の拡大により財政赤字を解消する中央政府の「小さな政府」を一層加速させることになった。

また，全国民を対象とした公的な医療保障制度が整備されないままであったため，2010年にオバマ大統領により「患者保護及び医療費負担適正化法」(オバマケア）等が署名され成立した。もっとも，制度導入のための増税や保険料の値上げ等に対する不満が高まり，オバマケアの撤廃を公約に当選したトランプ大統領により，その一部が見直されている。

（３）福祉国家から福祉社会へ――国際的潮流

福祉国家という形態は，自由・平等の人権思想等を前提として19世紀末からの労働者の労働権が承認されたことをきっかけとして誕生し，国家が社会保障政策や完全雇用政策を通し，国民の生存権を保障する民主主義的な資本主義体制である。20世紀においては一国主義的な経済管理と完全雇用を前提に，民主主義政治を通じて国民の生活水準を向上させ，実現してきた。

しかし，その後のグローバル化は経済のみならず，社会や文化の面において広範に影響を及ぼし，一国主義的な経済管理は国際競争力にダメージを与えた。さらにグローバル化とともに各国で進行する高齢化は，同時に福祉国家の国々においても医療支出や年金支出を増加させたため，地方分権化，基礎自治体によるコミュニティ・ケアの重視，福祉の保健・医療の連携強化，福祉部局と労働部局の連携強化，介護保険の導入等による介護システムの構築などを基軸とする見直しに迫られた。

これに対し，EU（欧州連合）における社会保障戦略は，雇用可能性の向上（empolyability），企業家精神（entrepreneurship），企業および被雇用者の適応可能の奨励（adaptability），男女機会均等（equl opportunities）の４つの柱を基本とする1990年代の欧州雇用戦略の一環として形成され，21世紀に入ると仕事を中心とした福祉社会の構築を目的とするようになった。その結果，各国は新自由主義を背景とし，福祉制度を将来的に持続可能な制度への再編を目指し「福祉＝労働」という視点による施策の再編成を行っている。

また，従来の「貧困」の概念が「低所得」という経済的視点に重点をおいてきたことに対し，慢性的な失業，教育や就業能力の不足，家族の崩壊，健康問題，劣悪な住宅環境といった相対的な貧困および「貧困の再生産」といった点に着目した「社会的排除（social exclusion）[(32)]」という概念として提示されるようになった。「社会的排除」はその原因が多次元的であり，その対策として所得保障だけでなく，労働参加や社会参加など広範な視点が盛り込まれ，1990年代以降ワークフェア（workfare）[(33)]，メイキング・ワーク・ペイ（making-work-pay），ディーセントワーク（decent work）などの方策としてその注目が集まっている。1990年代以降に社会問題が深刻化した日本においてもそれと対をなす「社会的包摂（social inclusion）」を目指す取り組みが議論されている。

こうして，近年，福祉国家という言葉は次第に使われなくなり，それに代わり福祉社会という言葉が多く使われるようになった。その後，2020年には新型コロナウィルスの流行により，人命はもとより経済活動や社会生活の危機的な状況が世界規模で広がっている。どうすれば失われた日常を取り戻せるのか，各国の社会福祉分野における方策についても模索が続くことだろう。

注

⑴　池田敬正『日本社会福祉史』法律文化社，1986年，38頁。

⑵　同前書，38-41頁。

⑶　制度による支援を受ける際に，就労の有無・年齢・性別などによりその利用が制限されること。

⑷　1880年制定の伝染病予防規則が改正され，コレラ，腸チフス，ペスト等，８つの伝染病を規定し，伝染病患者への対処法等が明記された。

⑸　明治国家による北海道開拓に伴い土地を追われたアイヌ民族について，貧困者に対する農具や種子の支給，薬代の給付などの保護と農業従事者への土地の保障が規定されていた。

⑹　行旅病人及び死亡人取扱規則（1882年）が改正されたもので，その所在地の市町村長が救護すべきこと，費用負担は本人，または扶養義務者とすることなどが規定された。

⑺　府県による罹災救助基金の儲蓄，罹災救助のための支出費目などが規定され，同法の成立により備荒儲蓄法（1880年）が廃止された。

⑻　監護義務者，私宅監置室や精神病院などの病室に対する行政の許可，監護費用は被監護者負担とすることなどが規定され，精神病者への監護に関する全国的な制度となった。

⑼　感化法は不良少年を教育・救済するため，監獄や懲治場（現・少年院）以外の施設として「感化院」を全国の道府県に設置することを規定した。

⑽　1918年に富山県魚津町の主婦が米の廉売を求めて米蔵前で嘆願し，実力行使に及んだ事件。その後，全国に拡大することになった。

⑾　1948年に制定された社会保障制度審議会設置法に基づいて設けられた旧総理府の附属機関。社会保障制度全般にわたる企画・立案・運営に関する調査・審議を行い，総理大臣等に対して勧告や意見具申等を行ってきた。2001年１月に中央省庁の再編により廃止された。

⑿　1957年，結核患者で生活保護を受給しながら国立療養所に入所していた朝日茂氏が，生活扶助費月額600円は「健康で文化的な最低限度の生活」を保障する日本国憲法第25条に違反するとして厚生大臣を被告とし，起こした訴訟。

⒀　老人福祉法の改正に伴い，高齢者（70歳以上の者）の医療保険の自己負担を公費で補填することにより高齢者の医療費を無料としたもの。

⒁　国の公的責任を個人・家族・近隣住民へ転嫁させるもので，結果的に社会福祉抑制を正当化するための理論となった。

(15) 享受する利益の程度に関わりなく，各人の支払い能力に応じて費用を負担すること。

(16) 八法とは，児童福祉法，身体障害者福祉法，精神薄弱者福祉法（現・知的障害者福祉法），老人福祉法，母子及び寡婦福祉法（現・母子及び父子並びに寡婦福祉法），社会福祉事業法（現・社会福祉法），老人保健法（現・高齢者の医療の確保に関する法律），社会福祉・医療事業団法（現・独立行政法人福祉医療機構法）を指す。

(17) 居住している国や社会で標準とされる生活水準を満たすことができない状態にある人の割合を示したもの。OECDでは，等価可処分所得が全人口の中央値の半分以下に該当する場合にそれらの者を相対的貧困者として算出している。

(18) 羊の毛皮の需要が増したことを契機として，羊を飼育するために力のない農民が住む土地を奪われた現象。

(19) 救済を受ける貧困者は独立自活している最下層の貧困者よりも生活の質も外見も下回る水準でなければならない，とする考え方。

(20) 貧困であるか否か，客観的な基準を表した概念。

(21) 国民最低限度の生活保障。国がすべての国民に対し，保障すべき最低限度の生活水準を表したもの。ウェッブ夫妻が『産業民主制論』（1897年）の中で提唱した。

(22) 当時の大蔵大臣，ロイド・ジョージが1908年にドイツを社会保険の調査のために訪問し，その結果，イギリスにおいて国民保険法が成立した。

(23) 通常社会で当然とみなされている生活様式，習慣，社会活動から事実上締め出されている状態。タウンゼントは現金所得・固定資産・福祉給付など５つの指標を挙げている。

(24) 同報告によるコミュニティ・ケアの基本的な考え方は①中央政府はコミュニティ・ケアの目標と優先性を明らかにして，財政的な責任を負う。②自治体社会サービス部はコミュニティ・ケアの主な役割を担い，個人のニーズに基づいたケア・パッケージの実現に努め，在宅サービスと施設サービスの充実に努める。③ケアは利用者の選択を重視し，公的部門のみならず，民間部門（営利・非営利），インフォーマル部門（近隣のボランティアの支援）などによっても提供される。以上，３つの柱から構成されていた。

(25) アメリカにおけるCOSの前駆的形態ともいわれている。白人のプロテスタントで中産階級に属する約1,800人を会員として，設立された。元来，貧民を援助するというより，訪問員の精神的な影響で，貧民を善良な市民として教化，指導することを目的としていた。

(26) 代弁（advocacy）。近年，権利擁護と訳されることもある。利用者の立場に立ち，その希望や主張を代弁し，生活や人権を守る行為を指す。

(27) 社会活動法（social action）。ニーズに応じた環境や制度などの改正，創造を目的とする社会活動法を指し，ソーシャルワーカーが果たさなければならない重要な機能の一つと捉えられている。

(28) 1950年代から60年代にかけ，アメリカで白人との平等な権利を要求する黒人の人々による運動で，非暴力運動による抵抗が有名である。

(29) 市場への政府の介入を可能な限り小さくする国家のありようを指す。規制緩和やそれまで公的部門が担ってきた部門を民営化することにより，政府が国民生活に関与することを減らしていく。

(30) 親の不在，死亡，障害，失業によって，十分な養育を受けることのできない18歳未満の貧困児童がいる世帯を援助する目的で制定された。のちに貧困家庭一時扶助（TANF）と名称変更された。

(31) 州政府が児童や妊婦のいる貧困家庭に対し，有期で現金給付を行う制度。連邦政府が州政府へ包括交付金給付を行う。

(32) 1974年にフランスの社会福祉局長であったR・ルノアールによる『排除される人々』という著書が契機となった。1980年代にはEUの政策課題とされた。

(33) 就労と引き換えに福祉的給付を行うように条件を設定し，福祉サービスを必要とする人々に被雇用能力を身に付けさせるなどして，可能な限り早急に福祉的給付の依存から脱却させる勤労福祉化政策。

参考文献

池田敬正『日本社会福祉史』法律文化社，1986年。

一番ヶ瀬康子『一番ヶ瀬康子社会福祉著作集　第2巻　社会福祉の歴史研究』労働旬報社，1994年。

埋橋孝文編著『社会福祉の国際比較』放送大学教育振興会，2015年。

菊池正治・清水教惠・田中和男・永岡正己・室田保夫編著『日本社会福祉の歴史 付・史料 改定版――制度・実践・思想』（MINERVA福祉専門職セミナー7）ミネルヴァ書房，2014年。

トラットナー，ウォルターI.／古川孝順訳『アメリカ社会福祉の歴史――救貧法から福祉国家へ』川島書店，1978年。

子ども食堂は今

市民団体や飲食店などが独自に運営し，地域の子どもたちに無料，または低額で食事を提供する子ども食堂が2019年５月現在，全国で3,718カ所ある。東京都のNPO「全国子ども食堂支援センター・むすびえ」の報告によると，2018年の調査に比べて1.6倍に増加し，利用者は推計で延べ約160万人になるという。都道府県別では，東京が最多の488カ所，次いで大阪336カ所，神奈川253カ所と都市部に集中している。子ども食堂は法律上の定義がないため，実施回数や方法はそれぞれの運営主体に委ねられている。近年は貧困家庭の子どもたちに限らず，広く地域の子どもたちの居場所となっており，その果たしている役割は地域自体にとって大きい。今後も子ども食堂を増やすには，行政の支援の拡充と地域の人々へ食堂の役割を周知する必要がある。全国に広がる子ども食堂であるが，運営には衛生管理，アレルギー対策，資金集めなどの課題もあり，今後は利用者が増えるなか，子ども食堂の質の確保が急務である。

第3章　社会福祉の思想・哲学・理論

学びのポイント

本章では，社会福祉の思想・哲学をはじめ，社会福祉の理論，社会福祉の論点，社会福祉の対象とニーズについて学ぶ。いずれも利用者本位に立った上でその支援に務めるべく，制度・政策および事業・活動に取り組み，多様，かつ複雑な課題を解決するとともに，なお解決できない課題はソーシャルワーカーが抱え込むのではなく，社会に提起したい。そこにソーシャルアクションの意義がある。

1　社会福祉の思想・哲学

（1）社会福祉の思想・哲学の考え方

1）社会福祉哲学の領域

社会福祉哲学では国際的に著名なフレデリック・G・リーマー（F. G. Reamer）による「ソーシャルワークの哲学的基盤」でソーシャルワークの実践展開において不思議と遅れているのは，専門職が基づく哲学的基盤の学問的検証であると警鐘を鳴らしている[(1)]。その上で，リーマーは図表3-1の通り，5つの哲学テーマを掲げて社会福祉の哲学への接近を試みている。

以上のように，リーマーは政治哲学，道徳哲学，論理学，認識論，美学はケースワーク，グループ実践，家族介入，コミュニティオーガニゼーション，社会政策，ソーシャルワーク研究などに関連すると述べ，社会福祉哲学の探究を志向している。

図表 3－1　フレデリック・G・リーマーによる哲学的テーマと概要

哲学的テーマ	概　　要
政治哲学	政治思想に関連した一連の課題に探求し，福祉国家の役割，分配的正義と平等，福祉的人権，公益と共通善についての概念に関連した事項等の考究。
道徳哲学	道徳哲学によって生じる課題及び倫理学理論がいかに実践にかかわるかについての究明。主として，倫理的な問い，倫理的葛藤，応用的で専門的な倫理学の出現に焦点化の考究。
論理哲学	論理学として知られる哲学の一部に特化し，有効な議論の展開と論理の誤りについての伝統的な考え方についての考察。特に実践者の介入の有効性を確認し，専門職が直面する数々の論理の誤りについての考究。
認識論	ソーシャルワークにおける科学の役割と認識の方法についての検討。哲学における認識論の視点から，認識の方法と比較し，実証主義と経験主義の議論からの考究。
美　　学	ソーシャルワーカーらが，自らの実践を認識し，判断し，批判する方法についての究明。特に実践者が自らの実践を評価し，芸実的に実践していく方法に関連して美学のさまざまな学派を検討しソーシャルワーク実践に有益に活用できる種々の概念についての考究。

出典：リーマー，フレデリック・G／秋山智久監訳『ソーシャルワークの哲学的基盤――理論・思想・価値・倫理』明石書店，2020年，14-15頁を基に筆者作成。

2）社会福祉の思想・哲学と個人の尊重

横須賀基督教社会館会長・神奈川県立保健福祉大学名誉学長の阿部志郎は，「少数―マイノリティがいかに扱われるかが民主主義の成熟度を示すバロメーターで，マイノリティが尊重される社会が福祉社会にほかならない。福祉は，マイノリティを重んずるところからはじまる。これが福祉のアイデンティティである。…（中略）…援助には，社会に背を向けて〈ひとり〉を守るのでなく，マイノリティとマジョリティがともに力を合わせ，連帯できる社会の追求を目指す姿勢を欠かせない。…（中略）…福祉の仕事は，マジョリティが優先する社会でマイノリティの『弱さ』にかかわることである(2)」と社会における個人の尊重と福祉における「弱さ」の意義および人間観について示している。

このことから利益優先，多数派尊重の現代社会の風潮にあって，社会福祉における哲学とは多数の声の中に“声なき声”を確認し，多数の存在の中に小さな個人やその福祉課題の現象をとらえようとする援助者の意識が必要であろう。

また，援助には「利用者の微妙な心身の変化やその意味を探ろうとする働きや感性（センス）」が求められ，その中軸をなす人間観が，すなわち「福祉の哲学」といえよう。

3）福祉の思想・哲学と人間の尊厳

尊厳とは，「とうとくおごそかで，おかしがたいこと」（『広辞苑』[3]）と示されている。また，これに関連し，「尊厳死」については「単なる延命治療を拒否し，終末期に入り，本人に対する意思の確認がとれない場合は延命治療をやめるという本人の意志をリビング・ウィルという。このリビング・ウィルに基づいて延命治療が中止され，死に至ることを尊厳死という。安楽死という用語は本人の意思に基づかない場合にも使用されるが，尊厳死はあくまでも本人の意思に基づくものである[4]」と示されている。

このことから，社会福祉における人間の尊厳とは援助者の判断のみによる単方向的な関わりではなく，あくまでも福祉サービス利用者の訴えや希望をまず受容し，聴き入れる双方向的な関わりの中に確認できる。その利用者個人の人生はこの世の後にも先にも一回限りの有限性の人生であり，「人間は自分が死ぬということをあらかじめはっきりと知っている生きものである[5]」ことからも，唯一の生命の根源にかかわる重要な責務を認識する過程そのものが福祉哲学における人間尊厳であるといえよう。

4）対人援助における福祉思想・哲学と個人の尊厳
――知的障がい者と脳性マヒ児から学ぶ福祉哲学の意味

事　例

「ある知的障がい児の学君（12歳）は小学部６年生の男の子である。朗らかで，友達や周囲への恨みや憎しみをいまだに内面に積もらせたことがない陽気な性格である。その学君はチョコレートが大好物で，コンビニに行くと決まって沢山のチョコレートを手にしていた。

ある授業の時，社会見学で『買い物』をテーマにスーパーへ行った。学君は担任の先生から，500円玉，100円玉，10円玉のうち，どの硬貨で沢山のチョコレートを買えるか，何度も繰り返し学習した。学君は迷うことなく，500円玉を財布から取り出し，自分の大好きなチョコレートを持って駆け足でレジまで走った。

ある日，学君の卒業試験の日がやってきた。先生は机の上に500円玉と10円玉を置き，『この２つのうち，最も価値が大きい方はどれですか』と質問した。学君は自信たっぷりに10円玉を指す。何度も同じ質問をしても，学君は10円玉の方が大切だと言う。先生は理解に苦しみ，あれだけ何度も学習をしてきたのに……と戸惑う。

翌日，先生は学君が小学部１年生から生活している学校の寄宿舎に行き，学君と共同生活を体験した。夕食が終わった学君は一目散に場所を移し，廊下の端で誰かと大きな声で話をしている。話し終えて学君が振り向くと，その後ろには公衆電話があった。幼いころから母親と別れ，寄宿舎生活を余儀なくされた学君は週に２回だけ電話で母親と話ができる約束をしていた。そのことが学君の生活の中で最も幸せな時間であり，一番大好きだった母親との心の安らぎの時でもあった。

学君は10円玉を大切に持って，『先生，こっちの方がいいよ！』と言って，大好きな先生に笑顔で飛びついた。先生は社会的価値や教師（援助者）側の価値観を超えたところに一人ひとり，かけがえのない大切な『価値』があることを学君の生活そのものから教えられた。

さて，脳性小児マヒで寝たままの孝君（15歳）が，日に何回もおしめをとりかえてもらう。おしめ交換の時に，孝君はいつも顔をしかめて嫌な顔をするのであった。担当のケアワーカーは思春期の孝君に対し，異性介護することから生じる孝君の羞恥心の現われであり，自尊感情を大切にするためにも短時間でおむつを利用して介護を処理するように務めた。

ある時，社会福祉士の『相談援助（現・ソーシャルワーク）実習』による配属のため，一人の実習生がその介護者の部署で実習の機会を得た。その実習生の観察記録には次のことが記載されていた。

『孝君は寝返りができないことからも奥歯をかみしめ，顔を真っ赤にしながら懸命に介護者のおむつ交換に協力するため，腰を少しでも浮かそうとしている努力が認められた』と綴っていた。

翌日，担当ケアワーカーはその実習生の観察記録を念頭に置き，日頃からの介護業務から離れ，孝君のおむつ介護を別な角度から観察するよう試みた。確かに，孝君はその実習生が認識するとおり，おむつ介護に自らも参加しようと懸命に働きかけているその状況が担当職員の心に伝わった。職員はハッとして，自らの仕事の重大さに気づかされた。重症な障害は孝君を含むこの子どもたちにあるのではなく，むしろこの事実を今まで認識することができなかった私たち職員側の心や一辺倒の業務へのあり方そのものが重症であった，と孝君や実習生から教えられた。」

前述する学君や孝君の事例から，ソーシャルワークの過程において，援助者側の価値観から対象者およびその背後に潜む課題をみるのではなく，むしろ価値観の違いから，私たち援助者側に足りない価値を対象者から学んでいく必要性を説いている。すなわち，社会福祉の思想や哲学および人間への尊厳とは，援助過程そのものの中で対象者やその現状から学ばせてもらっているという謙虚で，かつ謙遜な援助者側の意識やその姿勢が実に求められる。

元・聖路加国際病院理事長の日野原重明は「医師は患者を治療することによって，医師として必要な知識が与えられ，患者に直接タッチすることにより技術が向上する。これら知識や技術が与えられると同時に給料まで頂く。更に患者から感謝される」と述べ，医師の側から患者に対して多くを学び，感謝する心を持つようにと主張している[(6)]。つまり，「ソーシャルワークはそれを受ける福祉サービス利用者のみが有り難く思うものでは無く，ソーシャルワークを通して援助者自らが人間的成長のチャンスを頂いている」ことに感謝の念を持つことが重要であろう。加えて，利用者の笑顔や生活への意欲，生の価値への畏敬という利用者の思いや願いを肯定的に受け止める援助者の姿勢が必要になる。そのためには，利用者との出会いや思いを援助者の力に転化する能力が，ソーシャルワークの哲学にはより一層求められよう[(7)]。

５）社会福祉の思想・哲学における生命の尊厳

社会福祉の思想や哲学においては，福祉サービス利用者への「生命」そのものへの尊厳が重要となる。その人生固有の一回性の生命の意義について，〈エドナ・マシミラ作〉の詩を，以下，紹介したい。

「天国の特別な子ども

会議が開かれました。
地球からはるか遠くで，
‘また次の赤ちゃん誕生の時間ですよ’
天においでになる神様に向かって
天使たちは言いました。
‘この子は特別な赤ちゃんで　たくさんの愛情が必要でしょう
この子の成長はとてもゆっくりに見えるかも知れません
もしかして，
　一人前になれないかも知れません。
　だから，この子は下界で出会う人々に
とくに気をつけてもらわなければならないのです。
もしかして，この子の思うことは，
なかなか分かってもらえないかも知れません。
何をやってもうまくいかないかも知れません。
ですから私たちは，
この子がどこに生まれるか注意深く選ばなければならないのです。
この子の生涯が幸せなものとなるように
　どうぞ神様
この子のために素晴らしい両親をさがしてあげて下さい。
神様のためにすばらしい任務を引き受けてくれるような両親を
その二人はすぐには気づかないかも知れません。
彼ら二人が自分たちに求められている特別な役割を……。
けれども，天から授けられたこの子によって，
ますます強い信仰と豊かな愛を
いただくようになるでしょう。
　やがて二人は

自分たちに与えられた特別の
神の思召しを悟るようになるでしょう。
神から贈られたこの子を育てることによって，
柔和で穏やかなこの尊い授かり者こそ，
‘天国から授かった特別な子どもなのです’」

このエドナ・マシミラの詩からは，人間の生命の尊厳を確認することができよう。いかに医学や科学工学が発展したとしても，人間をつくることはできない。また，一人の人間の存在は，この世の後にも先にも唯一その一人のかけがえのない生命であり，代用できない性質である。人は唯一，人によってのみ癒される。このため，私たちソーシャルワーカーはそのかけがえのない〈ひとり〉への援助を通し，日々「尊厳」を教えられている者であることを自覚し，利用者の存在自体に感謝するものでありたい。そのことを反芻(はんすう)し，自己覚知をたどるソーシャルワークそのものが社会福祉の思想と哲学への問いでもある。

６）糸賀一雄の社会福祉思想・哲学と宗教

糸賀一雄は，旧制松江高校時代，キリスト教に入信している。京都帝国大学（現・京都大学）哲学科に進み，1940年に滋賀県の職員となり，当時の近藤穣太郎知事に認められ，27歳にして知事官房秘書課長に就任した。戦後の混乱期の家庭にあって，病苦の妻と幼い子どもの世話をしながら，糸賀には決意と障害児の教育と福祉への熱い思いがあった。1946年，同志である田村一二・池田太郎らと近江学園を創設し，初代園長に着任した。

障害の重い子どもも発達の可能性を持っている，その可能性を見つけ，発達を保障することは子どもの権利であるという。糸賀の発達保障の主張は，この後の障害児の教育・福祉の制度，実践に大きな意義を持つことになった[(8)]。この点について，糸賀は次のように述べている。

「(近江) 学園の正面玄関に母子像があって，散歩から帰ってくる子どもたちや，また遠来のお客様を第一番に迎えてくれるが，私はこの母子像に『世の光』と名づけた。世の光というのは聖書のことばであるが，私はこの言葉のなかに，『精神薄弱[9]といわれる人たち自身の真実な生き方が世の光となるのであって，それを助ける私たち自身や世の中の人々が，かえって人間の生命の真実に目ざめ救われていくのだ』という願いをこめている[10]。」

「人間が人間を見る価値観は，精神薄弱といわれたり，重症の障害児といわれる人々の存在をとおして，新しく創造されつつあるのだ。これが戦後のわずか二十年あまりのあいだに，わが国のめざめた人々の精神内容になりつつあるといえよう[11]。」

また，糸賀が近江学園の創設を決意する時の心情が日記に次のように示されている。

「ちょうど，初代キリスト教徒が，あの迫害の中で敢然として信仰の表明に挺したごとく，私は自分の心の中に，子どもたちへの愛を通じて，神への，キリストへの信仰が漸く感じられようとしているのである。久しく忘れていた神のこと，キリストのこと，私は私なりに復活しようとしている。私は信仰をえて，しかる後，愛の事業に突進するのではない。私を推薦せしめるものは，只，私の身内に湧出する情熱である。しかもその情熱は何処より来たり，何処へゆかんとするのであろうか。私はそれを説明することはできない[12]。」

これについて，保田井進は「信仰告白ともいえる記述である」と評している[13]。糸賀の福祉思想の代名詞は「この子らを世の光に」である。終戦を迎えた当時の福祉動向からして，福祉の主体は援助者側（国および福祉機関・施設）であり，客体は対象者（知的障害児）であったろう時代において，糸賀の福祉思想は明らかに主体と客体が逆転していた。この価値の転換においては，糸賀の福祉思想・哲学を形成するキリスト教信仰が大きく作用しているものと考えられよう。

このように柴田善守[(14)]は，欧米社会福祉の歴史的展開において，「欧米の社会福祉はキリスト教の成立にはじまる。神はすべての人を救い，その神の愛をすべての人に伝え，救われたよろこびを他の人に分け与えようとするとき，カリタスが生まれる。このカリタスが欧米の社会福祉の原点である。…（中略）…中世カトリック社会では教会や修道院が社会福祉の主体であり，教区内の貧困者を救済した」と示している。

また，岡村重夫[(15)]も「生活困難に対する共同的援助のもっとも古い形態は，宗教的動機に基づく慈善事業」であるとし，「西欧でのキリスト教の教会や修道院による貧困者や病者の救済事業」を挙げている。特にドイツでは６つの社会福祉事業団が存在し，その中でカトリックの「カリタス事業」とプロテスタントの「ディアコニー（ディアコニア）事業団」（ディアコニー：ギリシャ語を語源とするキリスト教奉仕：仕える）が福祉の二大潮流をつくってきたといわれている[(16)]。さらに，ロンドンのセツルメント運動の拠点も教会に存在し，その教会は1884年にトインビー・ホールと名づけられ，この運動は世界中に広がった[(17)]。このようにキリスト教は教会を中心として社会福祉発達史において大きな影響を与えた[(18)(19)(20)]。

一方，日本においても宣教師の伝道，教会を拠点にした地域活動の中から多くの実践家が育った。日本の近代社会事業の基礎を築いた代表的な実践家として北海道家庭学校を創設した留岡幸助，岡山孤児院を創設した石井十次，日本救世軍を創設し，貧民救療・廃娼運動を行った山室軍平[(21)(22)(23)(24)(25)(26)(27)]らがいる。これらキリスト教信仰に生きた先達の福祉実践は広く社会改良に波及し，現代の社会保障をも含めた社会福祉基盤を築いた価値ある実践といえる。

これらクリスチャンソーシャルワーカーの一人として糸賀の働きが示され

る[28]。前述の通り，障害児保護が社会的に認知されていない当時において，知的障害児への支援を自らの使命として心血を注ぎ走り続けた。その糸賀を突き動かした背景にあるキリスト教社会福祉そのものが糸賀の福祉思想であり，福祉哲学でもあった。

社会福祉の構成要素は，政治・経済・文化・宗教のハイブリッド（社会福祉混成構造[29]）による。その上で，前述した柴田や岡村の主張の通り，宗教が社会福祉に果たした福祉実践思想や哲学の役割は少なくない。今後，社会福祉の思想と哲学の考究においても，キリスト教福祉や仏教福祉など死生観，人間観，人類愛，隣人愛，慈悲などを説く伝統的宗教との関係においても，より一層の検討が求められる[30]。

（2）人間の尊厳・社会正義・全人的存在など

1）社会福祉士の倫理綱領（改正版）

日本社会福祉士会は2020年６月に「社会福祉士の倫理綱領」を改正し，以下のようにソーシャルワーク専門職のグローバル定義およびその原理を，その中で明示している（日本社会福祉士会 HP，一部抜粋）。

ソーシャルワーク専門職のグローバル定義

ソーシャルワークは，社会変革と社会開発，社会的結束，および人々のエンパワメントと解放を促進する。実践に基づいた専門職であり学問である。社会正義，人権，集団的責任，および多様性尊重の諸原理は，ソーシャルワークの中核をなす。ソーシャルワークの理論，社会科学，人文学，および地域・民族固有の知を基盤として，ソーシャルワークは，生活課題に取り組みウェルビーイングを高めるよう，人々やさまざまな構造に働きかける。

この定義は，各国および世界の各地域で展開してもよい。

（IFSW；2014.7）注１

原　　理

Ⅰ（人間の尊厳）　社会福祉士は，すべての人々を，出自，人種，民族，国籍，性別，性自認，性的指向，年齢，身体的精神的状況，宗教的文化的背景，社会的地位，経済状況などの違いにかかわらず，かけがえのない存在として尊重する。

Ⅱ（人権）　社会福祉士は，すべての人々を生まれながらにして侵すことのできない権利を有する存在であることを認識し，いかなる理由によってもその権利の抑圧・侵害・略奪を容認しない。

Ⅲ（社会正義）　社会福祉士は，差別，貧困，抑圧，排除，無関心，暴力，環境破壊などの無い，自由，平等，共生に基づく社会正義の実現をめざす。

Ⅳ（集団的責任）　社会福祉士は，集団の有する力と責任を認識し，人と環境の双方に働きかけて，互恵的な社会の実現に貢献する。

Ⅴ（多様性の尊重）　社会福祉士は，個人，家族，集団，地域社会に存在する多様性を認識し，それらを尊重する社会の実現をめざす。

Ⅵ（全人的存在）　社会福祉士は，すべての人々を生物的，心理的，社会的，文化的，スピリチュアルな側面からなる全人的な存在として認識する。

以上の通り，2020年６月に改正された社会福祉士の倫理綱領は図表３−２に示す概要から構成されている。

２）社会福祉法における尊厳

社会福祉法第３条は「福祉サービスは，個人の尊厳の保持を旨とし，その内容は，福祉サービスの利用者が心身ともに健やかに育成され，又はその有する能力に応じ自立した日常生活を営むことができるように支援するものとして，良質かつ適切なものでなければならない」と福祉サービスの基本理念の冒頭に利用者個人の尊厳を明らかにしている。

図表3－2　改正　社会福祉士の倫理綱領の概要（2020年6月）

項　目	概　要	内　容
前　文		「ソーシャルワーク専門職のグローバル定義」を明示
原　理	Ⅰ（人間の尊厳） Ⅱ（人権） Ⅲ（社会正義） Ⅳ（集団的責任） Ⅴ（多様性の尊重） Ⅵ（全人的存在）	
倫理基準	Ⅰ　クライエントに対する倫理責任	1．（クライエントとの関係） 2．（クライエントの利益の最優先） 3．（受容） 4．（説明責任） 5．（クライエントの自己決定の尊重） 6．（参加の促進） 7．（クライエントの意思決定への促進） 8．（プライバシーの尊重と秘密の保持） 9．（記録の開示） 10．（差別や虐待の禁止） 11．（権利擁護） 12．（情報処理技術の適切な使用）
	Ⅱ　組織・職場に対する倫理責任	1．（最良の実践を行う責務） 2．（同僚などへの敬意） 3．（倫理綱領の理解の促進） 4．（倫理的実践の推進） 5．（組織内アドボカシーの促進） 6．（組織改革）
	Ⅲ　社会に対する倫理責任	1．（ソーシャル・インクルージョン） 2．（社会への働きかけ） 3．（グローバル社会への働きかけ）
	Ⅳ　専門職としての倫理責任	1．（専門性の向上） 2．（専門職の啓発） 3．（信用失墜行為の禁止） 4．（社会的信用の保持） 5．（専門職の擁護） 6．（教育・訓練・管理における責務） 7．（調査・研究） 8．（自己管理）

注1：本綱領には「ソーシャルワーク専門職のグローバル定義」の本文のみを掲載してある。なお，アジア太平洋（2016年）および日本（2017年）における展開が制定されている。
注2：本綱領にいう「社会福祉士」とは，本倫理綱領を遵守することを誓約し，ソーシャルワークに携わる者をさす。
注3：本綱領にいう「クライエント」とは，「ソーシャルワーク専門職のグローバル定義」に照らし，ソーシャルワーカーに支援を求める人々，ソーシャルワークが必要な人々および変革や開発，結束の必要な社会に含まれるすべての人々をさす。
出典：「社会福祉士の倫理綱領（2020年6月改正）」を基に筆者作成。

また，同法第５条は「社会福祉を目的とする事業を経営する者は，その提供する多様な福祉サービスについて，利用者の意向を十分に尊重し，…（中略）…かつ，保健医療サービスその他の関連するサービスとの有機的な連携を図るよう創意工夫を行いつつ，これを総合的に提供することができるようにその事業の実施に努めなければならない」と福祉サービスの提供の原則について明文化している。

この同条で示される具体的な福祉サービスの提供においては，第３条で述べられる個人の尊厳の重視が求められる。このことは社会福祉法において，利用者個人の存在そのものを尊重することの重要さを示している。

以上の通り，社会福祉の思想・哲学・理論においては，①哲学の枠組み，②個人と人間の尊重，③個人と生命の尊厳，④福祉と宗教の関係性，⑤社会福祉士会の倫理綱領，⑥社会福祉法における尊厳など福祉サービスの利用者への慈愛と尊敬の念，生命の畏敬，政治的哲学観をも含むミクロ・メゾ・マクロからの織り成しが求められる。フレデリック・G・リーマーは社会福祉の哲学を考究するにおいて，哲学は人類全体の「最大の関心である話題についての合理的で，方法的で，体系的な考察」として定義されるとしている[(31)]。

このように福祉サービス利用者一人ひとりへの人格に寄り添う社会福祉の営みにおいては，大所高所から合理的且つ体系的な実践が重要となる。ソーシャルワークの展開においては“哲学なき実践”は根なし草であり，空虚である。根拠法の枠内に小さく縮められた今日的なソーシャルワークの実践においてこそ，福祉の先達である糸賀一雄・石井十次・留岡幸助らにならう福祉の哲学に裏打ちされたミッション（使命）がより一層求められてこよう。

2　社会福祉の理論

（1）社会福祉の理論の基本的な考え方

1）人の生活と社会福祉と社会の関係

社会福祉の理論の基本的な考え方については，第1章で前述したように，人々の生活と社会福祉および社会の関係は洋の東西を問わず，有史以来，それぞれの国や地域を構成する人々が生命と財産，安全・安心な生活の確保が保障された社会を実現する制度・政策および事業・活動によって成り立っていることは今日でも変わらない。このため，社会福祉（学）は社会政策および社会保障を包摂した広義の社会福祉，また，人文科学，社会科学，自然科学および政策科学と実践科学を統合化した統合科学，さらには人間科学として捉えなければならない。

このうち，社会政策は，文字どおり社会で起こるさまざまな問題を解決するための制度・政策だが，中でも社会福祉と直結する可能性が高いのは労働問題で，雇用の安定や福利厚生の充実，労働災害（労災）の防止と補償への対応が求められる。これに対し，社会福祉は一般的に年金，医療，介護，福祉，すなわち，高齢者や障害者，児童，母子・父子・寡婦，生活困窮者，貧困者，ホームレス（路上生活者），外国人などを対象としたものであり，社会保障の下位概念とされているが，ここで学ぶ社会福祉はこのような狭義の社会福祉だけでなく，ボランティア・市民活動や国際社会福祉など広義の社会福祉をも意味する。

このため，社会福祉は今後も洋の東西を問わず，国や地域，また先進国・新興国・途上国の違いを超え，人間の尊厳や社会正義，国際協調，平和主義を見据えたグローバルな考え方が必要である。

次に，このような広義の社会福祉は，人文科学，社会科学，自然科学との関係では，哲学や文学，政治学，経済学，法学，社会学，医学，看護学など

図表３－３　社会福祉（社会福祉学）の位置づけ

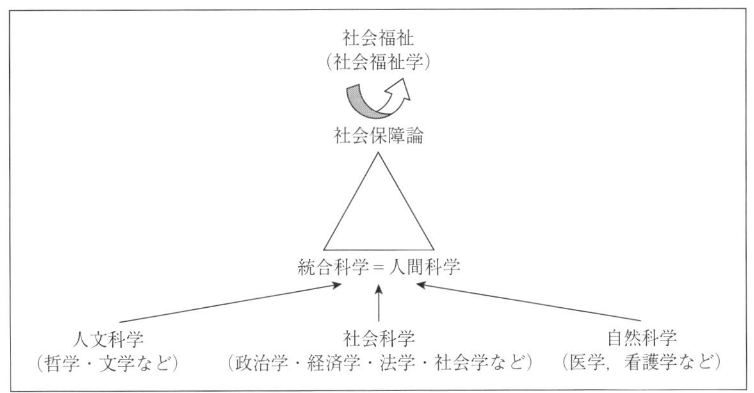

出典：川村匡由作成。

と特に関係が深く，その理論と実践による社会福祉の普遍化によってクライエント（利用者）のニーズの充足や自己実現などが問われている。だが，それだけでなく，単に社会学から派生した社会福祉学という学問の領域に甘んじるのでなく，クライエントの人間としての自己決定や自己実現を求める統合科学，さらには人間科学でなければならない。

したがって，社会福祉の理論の基本的な考え方として，まずはこのような人の生活と社会福祉・社会の関係を科学的に捉えて実践し，持続可能なものとすることがきわめて重要である（図表３－３）。

２）戦後社会福祉の展開

次に戦後社会福祉の展開だが，第２章で前述しているように，日本の社会福祉の理論と制度・政策および事業・活動はイギリスの救貧法やセツルメント運動，コミュニティケア，また，アメリカのコミュニティオーガニゼーションなどに学び，明治期以来，恤救規則をはじめとした政府の公的責任としての公助を基本とした社会福祉の理論と実践にあるが，その後，大正，昭和，令和と推移し，社会福祉対象論も昇華した。

とりわけ，第二次世界大戦後は児童福祉法，身体障害者福祉法，生活保護法からなる福祉三法から，この三法に知的障害者福祉法，老人福祉法，母子及び父子福祉法（現・母子及び父子並びに寡婦福祉法）からなる福祉六法，国民皆年金・皆保険体制へと整備された。その後，高齢者保健福祉推進十か年戦略（ゴールドプラン），障害者プラン七か年戦略，エンゼルプランからなる福祉３プラン，老人保健福祉計画，子ども・子育て応援プランなどによる国から地方，とりわけ[32]市町村を中心とした社会福祉の計画的な推進，さらには介護保険法および社会福祉事業法の改正・改称による社会福祉法の制定，社会保障構造改革および社会福祉基礎構造改革，障害者総合支援法，「高齢者，障害者等の移動等の円滑化の促進に関する法律（バリアフリー新法）」などの多様な政策が展開される中で，少子高齢化，地域包括ケアシステムの構築および地域共生社会の実現を目指すことになった。

しかし，措置制度から契約制度や民活（民間活力）導入によるサービスの利用料の負担における応益負担から応能負担への転換も少子高齢化および人口減少の進展や国民の福祉ニーズの多様化，複雑化，高度化への対応，さらには社会保障の縮減や東京一極集中の半面，地方の限界集落化，格差と貧困の拡大，財源の逼迫（ひっぱく）が深刻化している。また，2025年，すべての団塊世代が75歳以上の後期高齢者，2065年には本格的な少子高齢社会および人口減少となる見込みのため，先行きはきわめて不透明である。しかも，長引くデフレ不況や経済のグローバル化，デジタル化，さらには新型コロナウイルス感染症の拡大という新たな問題が浮上しており，予断を許さない。

３）歴史的視点としての社会福祉対象論

次に，これに関連した歴史的視点から社会福祉対象論を見ると，社会福祉政策論や社会福祉技術論，社会福祉固有論，社会福祉統合論，社会福祉運動論，社会福祉経営論などの理論的なアプローチがある。

具体的には，まず社会福祉政策論は孝橋正一が大河内一男の経済理論の継承者として，社会事業（社会福祉）について公共政策および社会事業を広義の社会事業（社会福祉），その具体的な制度・政策を狭義の社会事業（社会福祉）と定義するとともに，労働問題を社会問題，生活問題を社会的諸問題と定義したものである。その上で，社会問題への社会的対応は社会政策，生活問題への社会的対応は社会事業（社会福祉）とした。

次に，社会福祉技術論は，竹内愛二がアメリカで発展したコミュニティオーガニゼーションなどのソーシャルワークの技法を日本に紹介し，ソーシャルケースワーク（個別援助）を体系化し，心理学や政治学，社会学，経済学，医学などを応用し，社会福祉独自の専門的技術の確立を目指す中で構築されたものである。また，クライエントの住む地域の社会環境を重視し，社会資源を活用して支援するソーシャルワークの専門職化に貢献した。

社会福祉固有論は，岡村重夫が個人と基本的欲求を充足すべく，利用する社会制度との関係を社会関係として捉えようとした論である。客観的な側面だけに着目した一般的な政策だけでは不十分と指摘するとともに，クライエント個人の社会関係における主体的な側面を問題として個別援助の方法の必要性を指摘した。すなわち，クライエント個人の生活問題を社会関係の中で捉え，社会への適応やさまざまな問題を解決すべきであり，そこに社会福祉の専門的な技術論が基底にあるべきと主張した。

これに対し，嶋田啓一郎は社会事業（社会福祉）の体系を社会体制論と人間行動科学に基づき，人間の人格的価値を重視する統一的理解であるとし，力動的統合理論を社会福祉統合論として提示した。そこで，社会体制論とシステム論を基に人権を保障すべく，所得の再分配が実現していない社会は社会的不平等を克服するまでには至っていないと捉え，社会福祉の隣接科学を統合化した理論が必要であると主張した。

ちなみに，この社会福祉の隣接科学とは，前述した哲学や文学などの人文科学，政治学，経済学，法学，社会学などの社会科学，医学，看護学などの自然科学である。そして，社会福祉学はこれらを統合化した統合科学であり人間科学であると筆者（川村匡由）は考える。

一方，社会福祉運動論の代表格は真田是で，社会事業の本質を社会政策とともに生産と再生産のための前提条件としての側面だけでのみ捉え，労働者の賃金の引き上げには後ろ向きとする消極性について言及した。その上で，さまざまな社会の変化とともに社会問題が発生，その中の社会福祉の課題の解決にはさまざまな団体による社会運動が必須であり，クライエントおよびその家族を支援すべき労働者の社会福祉運動が重要であるとした。

最後に，社会福祉経営論は1980年代以降，顕著になった福祉系企業・事業所のシルバーサービスなど福祉産業の動向に三浦文夫が注目し，福祉産業を含む多様な社会資源の調達や配置，管理をシスティマチックに機能させ，制度・政策と実践（技術）をつなぐ役割を果たすべく政府や自治体，さらには社会福祉法人，福祉系企業・事業所などとの公私協働の必要性を指摘した。また，京極高宣は高齢社会への対応のため，住民・市民参加および福祉産業による実践の福祉経営学において，アドミニストレーションとの共通点を見出した社会福祉経営論を展開している（図表3-4）。

なお，欧米の社会福祉の理論は第2章で詳述しているが，それによれば日本の社会福祉理論および実践はイギリスの救貧法やCOS（慈善組織協会）運動，セツルメント運動，コミュニティケア，およびアメリカのコミュニティオーガニゼーションなどの示唆を受け，政府の公的責任としての公助を基本とした福祉国家から福祉社会へと推進されつつある。しかし，その根底には地方分権化の名の下，地域格差や格差と貧困の拡大などが露呈しており，社会保障の縮減およびこれに伴う国民の年金や医療，介護，子育てなどへの不安に伴い，「低福祉・高負担」の高度資本主義および新自由主義のアメリカやイギリスなどの福祉多元主義および新自由主義に基づく日本型福祉社会に対する批判も聞かれる。

ノーマライゼイション（正常化）の理念の下，いつまでも健康で文化的な生活を保障すべく，社会の構成員として包み込むソーシャルインクルージョン（社会的包摂）「高福祉・高負担」を掲げる社会民主主義のスウェーデン，デンマークなど北欧諸国のような真の福祉国家の再構築が望まれる。

図表３-４　社会福祉の主な理論

理　　論	主な論者	キーワード
社会福祉政策論	孝橋正一	社会政策・社会事業（社会福祉）
社会福祉技術論	竹内愛二	社会資源
社会福祉固有論	岡村重夫	個別援助
社会福祉統合論	嶋田啓一郎	力動的統合理論
社会福祉運動論	真田是	社会福祉運動
社会福祉経営論	三浦文夫・京極高宣	公私協働・福祉経営

出典：川村匡由作成。

現に，国民主権，基本的人権の尊重，平和主義を三大原則とする日本国憲法第25条第１項で国民の生存権，同２項で国の社会保障的義務を定めている[33]。このため，社会保障の財源として導入した消費税の大半を土建型公共事業の続行のため，乱発して膨れ上がった赤字国債の返済や対米従属による「防衛費」という名の軍事費を増額させている政権運営は問題であろう[34]。また，今般の新型コロナウイルス感染症を対象とした国産ワクチンの開発・普及による収束など公衆衛生を含む社会保障の整備・拡充よりも，「GoTo キャンペーン」にみられるような社会・経済対策などの方を優先している歴代政権および岸田新政権の「新しい資本主義」や「成長と分配」などは，きわめて懐疑的に捉えるべきではないだろうか。

3　社会福祉の論点

（1）公私関係における効率性と公平性

ところで，社会福祉の論点の一つとして公私関係における効率性と公平性について言及しておく必要がある。

その前提である公私関係だが，これについては，三浦文夫は社会資源の調達や配置，管理における機能として制度・政策と実践（技術）をつなぐ役割を果たすべく，政府や自治体および社会福祉法人や福祉系企業・事業所などとの公私協働による社会福祉の公私関係について指摘した。また，京極高宣は住民・市民参加を追加し，アドミニストレーションとの共通点を提起している。

言い換えれば，福祉サービスの供給について公私の役割分担および責任の明確化を示しているわけだが，これについては，第10章でくわしく述べる。また，その効率性と公平性についても同様である。

（2）普遍主義と選別主義

次に普遍主義と選別主義だが，このうち，前者は選別をせず，その費用負担の多寡を問わず，経済的，健康的な危機状態を回避することであるのに対し，後者は福祉サービスの対象者をその福祉ニーズなどに基づき選別することである。

具体的には，たとえば社会保障は所得の再分配を通じ，年金保険や医療保険，労働保険（雇用保険・労災保険），介護保険を社会保険などとして，すなわち政府の公的責任としての公助として整備されている。これに対し，社会福祉は，福祉六法に基づき，自治体などの第二次的な公助および社会福祉法人やNPO法人，福祉系企業・事業所，国民のボランティア・市民活動，あるいは国民みずからの自助による福祉サービスであるといえる。このような制度・政策および事業・活動による福祉サービスの普遍化によってクライエントの自立と依存や自己選択および自己決定とパターナリズム，選択とエンパワメント，さらにはジェンダーと社会的承認もかなうものとなる。

ちなみに，パターナリズムとは，父権主義すなわち強い立場にある者が弱い立場にある者を利益などを理由に本人の意思を問わず，問答無用に指示・命令したり，不当に干渉したり，介入したりすることである。また，エンパワメントは，クライエント自ら，またクライエントに福祉サービスを提供，支援する公的（公共）部門や民間部門などの集団が本来持っている潜在能力を引き出したり，その際，必要な権限を移譲することである。

（3）現代社会における諸相

そこで，このような普遍主義と選別主義の現代社会における諸相だが，職場や学校，地域，家庭などで相変わらず上司や教育者，先輩，年長者，両親，家兄などによるパワーハラスメント（パワハラ）やセクシュアルハラスメント（セクハラ），マタニティハラスメント（マタハラ），アカデミーハラスメント（アカハラ）などが絶えない。このため，これらの撤廃が必要である。なぜなら，そこには社会福祉の思想であるノーマライゼーション（正常化）の理念，およびソーシャルインクルージョン（社会的包摂）がないからである。

それだけに，福祉サービスを供給するソーシャルワーカーの人間性や哲学に基づく社会福祉の理論の習得によるクライエントへの理解と共感が望まれる。また，広く国民による社会的承認も求められている。ひいては国際連合が2015年に加盟193カ国・地域が参加，2016～2030年までに達成すべき目標とされたグローバルなSDGs（Sustainable Development Goals＝持続可能な開発目標），すなわち，貧困や飢餓の撲滅，すべての人に健康と福祉，ジェンダー平等，生きがいも経済成長も，人や国の不平等の撤廃，住み続けられるまちづくり，平和と公正をすべての人においてパートナーシップ等においても同様である。

なお，このSDGsについては，第７章２を参照されたい。

4　社会福祉の対象とニーズ

（1）社会福祉の対象とニーズの概念

社会福祉の対象とニーズのうち，まず社会福祉の支援対象を取り上げる。ややもすると，要介護・要支援の高齢者や障害者，児童，生活困窮者，貧困者，ホームレス，外国人，さらに最近，大きな社会問題となっているヤングケアラーなど社会的・経済的弱者だけを対象とした福祉サービスと，社会福祉を理解しがちだからである。しかし，それだけでなく，健康増進や生涯学習，ボランティア・市民活動など社会参加を望む老若男女もその対象として考えるべきである。

また，そのことによって社会福祉の論点の一つである公私関係における効率性と公平性も図られるべきなのである。この福祉ニーズについて，三浦文夫は高齢者や障害者の福祉ニーズを金銭などの貨幣的ニード（ズ）と介護・介助などの非貨幣的ニード（ズ）に大別し，非貨幣的ニード（ズ）の重要性を提起している。

（2）ニーズの種類・次元

これに対し，筆者（川村匡由）は，次のようにニーズを2種類に区分し互いに連携させながら，福祉サービスを展開していくべきであると考えている（図表3-5）。

① 基礎的ニーズ

日本国憲法の規定にある国民の生存権，つまり，生命や財産，安全・安心な生活の確保に関わるもので，第一義的には政府，第二義的には自治体が，公的責任に基づく公助によって対応すべきニーズ。

② 付加的ニーズ

より良い社会の構築ならびに社会関係の醸成に関わるもので，高齢者や障害者や児童による自助や，その家族や親戚を含めて地域資源として捉えられるアクターによる共助によって対応すべきニーズ。アクターには，社会福祉協議会（社協）などの社会福祉法人，医療法人，NPO法人，労働者協同組合，福祉系はもとより一般の企業・事業所が挙げられる。また，ボランティア等による互助も，このニーズに対応することが想定される。

また同じニーズでも，利用者やその家族には，顕在的ニーズと潜在的ニー

図表3-5　福祉ニーズとサービスとの関係

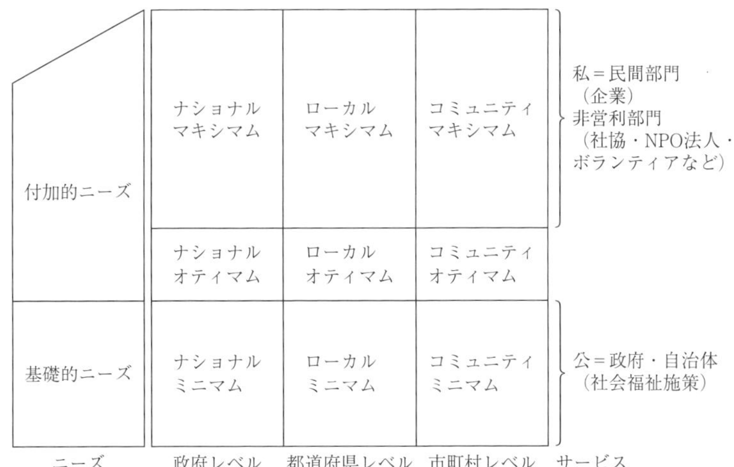

出典：川村匡由『社会福祉普遍化への視座』ミネルヴァ書房，2004年，20頁に加筆。

ズがあるため，その観察や把握には要注意である。

ちなみに，この場合の互助は，地域における共同体による相互扶助であるのに対し，共助は他地域の市民の金品のカンパやボランティアなどを意味している。そして，基礎的ニーズ・付加的ニーズとも，政府から都道府県，市町村へと政策主体が移譲されるにつれて中央集権から地方分権へと推進されるが，社会保障は国の社会保障的義務との日本国憲法の規定に基づき，今後とも政府によって整備・拡充されるべきである。

（3）ニーズの理論と課題

最後に，ニーズの理論と課題だが，前述したように，クライエントの福祉ニーズの中には貨幣的ニード（ズ：金銭給付）と介護・介助などの非貨幣的ニード（ズ：現物給付），また，基礎的ニーズと付加的ニーズ，顕在的ニーズと潜在的ニーズが微妙に複合している場合もあるため，その観察や把握に注意する必要がある。同時に，PDCAサイクル，すなわち，社会福祉計画の策定（Plan）に基づき福祉サービスを供給し（Do），供給された福祉サービスを評価し（Check），福祉ニーズが充足しなければ，当初の社会福祉計画の結果を評価した上で再策定し，不足する福祉ニーズを充足するだけでなく充実させるべくモニタリング（事後評価）する（Action）ことが重要である。特に，認知症高齢者や障害者ならびに意見表明が困難なことが多い子ども，ホームレス，外国人，ハラスメントの被害者に対する福祉サービスの場合は，それぞれの福祉ニーズの充足はおろか基本的人権すら保障されないままの状態にいる可能性が高いため，特に留意する必要がある。なぜなら，政府，自治体はもとより，社会福祉法人やNPO法人，福祉系企業・事業所，国民のボランティア・市民活動において，ややもすれば福祉サービスの供給だけで終わり，その結果に対する効果測定などモニタリングに欠けるきらいがあるからである。

また，このPDSAサイクルの前提となるアセスメント（事前評価）はおろか，福祉社会から福祉国家への昇華を見据えたビジョン（真の福祉国家への展望）そのものもおろそかなまま，福祉サービスが一方的・マンネリ的，かつ事務的な通り一遍の供給に終わってしまう可能性が高いのではないかと考えられる。

なお，これに関連し，政府は近年，国民への自助や互助を強調すべく，政府の公的責任としての公助を縮減し，自治体にその責任を転嫁し兼ねない概念である"共助"を強調しているが，これは概念の未整理のまま国民に広く提起する恣意的なものといわざるを得ない。なぜなら，公助（扶助）・自助および互助は，江戸時代に財政危機に瀕した上杉藩を藩主・上杉鷹山（ようざん）自らが質素な生活を送り，奥方・部下など身辺の人件費の削減や「一汁三菜」なる倹約生活などを断行したところ，その改革の姿に感動した領民（住民）も質素・倹約な生活を藩主らと共にし，農業の共同作業による生活の確保に努めた結果，赤字財政の藩政の改革に成功した「三助論」に基づく概念だからである。

そこで，筆者（川村匡由）は，共助を被災地への支援物資や寄附金，災害ボランティアなど他地域の市民の有志による物資や金銭，ボランティア・市民活動などを意味すべき概念と捉え，互助と区別すべきだと考える。何よりも東京や大阪，名古屋など都市部と農林漁村など地方との地域格差があるのが実状である。町内会や自治会，民生委員・児童委員，保護司などが中心となり，社会資源やソーシャル・キャピタル（社会関係資本）の醸成によって地域福祉を推進し地域再生を図るべきで，都市部だけを念頭に置いた社会福祉の公私関係の提起はいかがなものかと考える。

なお，この福祉ニーズについてノーマティブ・ニード（規範的ニード）やフェルト・ニード（自覚的・感得的ニード），エクスプレスト・ニード（表明ニード），コンパラティブ・ニード（比較ニード），また，社会生活ニーズとサービス・ニードといった概念もあるが，いずれにせよ，クライエントの自己実現や生命と財産，安全・安心，かつ人間らしい生活の確保，生活および生命の質（QOL）の向上が図られなければ，社会福祉の理論も「机上の空論」に終わってしまうことはいうまでもない。社会福祉の理論を踏まえた実践の重要性の意義もそこにある。

注

(1) リーマー，フレデリック・G／秋山智久監訳『ソーシャルワークの哲学的基盤——理論・思想・価値・倫理』明石書店，2020年，12頁。
(2) 阿部志郎『福祉の哲学』誠信書房，1997年，Ⅴ-Ⅵ頁。
(3) 新村出編『広辞苑 第五版』岩波書店，1998年，1586頁。
(4) 中央法規出版編集部編『三訂 介護福祉用語辞典』中央法規出版，2000年，239頁。
(5) 日野原重明『生きていくあなたへ——105歳 どうしても遺したかった言葉』幻冬舎，2017年，45頁。
(6) 滝口真「わずかな出来事から多くを学ぶ」「佐賀新聞」2002年3月22日付朝刊。
(7) 川廷宗之・広池利邦・大場敏治編著『新版 レクリエーション援助法』（介護福祉士選書⑥）建帛社，2003年，77頁。

(8) 保田井進「戦後日本の福祉文化とキリスト教の実践」日本キリスト教社会福祉学会編『社会福祉実践とキリスト教』ミネルヴァ書房，1998年，1-29頁。

(9) 旧称の「精神薄弱」は現在，「知的障害」と呼称するが，本章では時代背景を尊重し，糸賀一雄の原文のまま明記した。

(10) 糸賀一雄『この子らを世の光に』柏樹社，1965年，301頁。

(11) 糸賀一雄『福祉の思想』NHK ブックス，1968年，63頁。

(12) 糸賀，前掲(10)，12-13頁。

(13) 保田井，前掲論文，8頁。

(14) 柴田善守「欧米の社会福祉の歴史的発展」仲村優一ほか編『現代社会福祉事典 改訂新版』全国社会福祉協議会．1988年．8頁。

(15) 岡村重夫「社会福祉概念の史的変遷」仲村優一ほか編，前掲書，4頁。

(16) 山城順『ディアコニー――キリスト教社会福祉』パルーシア印刷，1999年。

(17) 柴田善守「欧米の社会福祉の歴史的発展」仲村優一ほか編，前掲書，8-9頁。

(18) 門脇聖子『ディアコニア・その思想と実践――愛の働きの源流』キリスト新聞社，1997年。

(19) コーラー，M.E.／畑祐喜訳『ディアコニー共同体』新教出版社，2000年。

(20) 遠藤興一「欧米における社会福祉の史的展開――社会福祉の前史」阿部志郎ほか編『社会福祉原論』(新版社会福祉士養成講座①) 中央法規出版，2003年，43-44頁。

(21) 室田保夫『キリスト教社会福祉思想史の研究――「一国の良心」に生きた人々』不二出版，1994年。

(22) 室田保夫『留岡幸助の研究』不二出版，1998年。

(23) 室田保夫「山室軍平と救世軍」「石井十次の事業と思想」石居正己ほか監修，江藤直純ほか編著『社会福祉と聖書――福祉の心を生きる』リトン，152-174頁，1998年。

(24) 吉田久一『日本社会福祉理論史』勁草書房，1995年。

(25) 湯浅典人ほか編著『福祉社会事典』弘文堂，1999年，215頁。

(26) 杉山博昭『キリスト教福祉実践の史的展開』大学教育出版，2003年。

(27) 阿部，前掲書，6頁。

(28) 糸賀，前掲(11)。

(29) 滝口真「社会福祉学における研究とは何か」久田則夫編著『社会福祉の研究入門――計画立案から論文執筆まで』中央法規出版，2003年，14-15頁。

(30)　リーマー，前掲書，268-267頁。

(31)　リーマー，前掲書，14頁。

(32)　東京23区の特別区も含む。以下、同。

(33)　日本国憲法第25条第１項「すべて国民は，健康で文化的な最低限度の生活を営む権利を有する」，同２項「国は，すべての生活部面について，社会福祉，社会保障及び公衆衛生の向上及び増進に努めなければならない」。

(34)　川村匡由『老活・終活のウソ，ホント70』大学教育出版，2019年，10－14頁。

参考文献

・第１節

阿部志郎『福祉の哲学』誠信書房，1997年。

高田眞治『社会福祉内発的発展論――これからの社会福祉原論』（社会福祉研究選書①）ミネルヴァ書房，2003年。

武田丈ほか編著『社会福祉と内発的発展――高田眞治の思想から学ぶ』関西学院大学出版会，2008年。

・第２～４節

川村匡由『社会福祉普遍化への視座――平和と人権を基軸とした人間科学の構築』ミネルヴァ書房，2004年。

川村匡由『地域福祉源流の真実と防災福祉コミュニティ』大学教育出版，2016年。

三浦文夫『増補改訂 社会福祉政策研究――福祉政策と福祉改革』全国社会福祉協議会，1995年。

人々は今

社会福祉サービスの利用者はややもすると社会的・経済的弱者と思われがちだが，実は健常者もその対象である。もっとも，年金や医療・介護・子育てなどで問題を抱えるまでは，社会福祉に関心を持たない人々が多いのも事実である。

しかし，人生100年時代を迎え，好むと好まざるとにかかわらず，誰もが，いつ，なんどき，その対象になるかもしれない。また，格差と貧困が拡大している中，すべての人が共生し，安全・安心な地域，さらには国や地域をつくるべく，自立と連帯を深めたい。ソーシャルワーカーはその先頭に立ちたいものである。

第4章　社会問題と社会正義

学びのポイント

本章では，社会問題と社会正義を理解する上で必要な事項について述べるが，現代社会における現象を理解するには，その背後にさまざまな要因が相互に関連していることが多い。このため，単に教科書で学ぶだけでなく，新聞や書籍，論文などを通じ，関連する学問領域にも関心を持って学びたい。社会の問題やそのメカニズムに目を向けることで，社会福祉士や精神保健福祉士の仕事の重要性についての理解が進むからである。

1　現代における社会問題

（1）貧困・孤立・失業

貧困は，さまざまな視点から定義することが可能だが，ここでは代表的な考え方として絶対的貧困と相対的貧困の２つを取り上げる。このうち，絶対的貧困は，人間生活にとって最低限かつ基本的に必要とされる衣食住などのニーズが満たされないことを意味する[(1)]。ちなみに，世界銀行は2015年，国際貧困ラインを１日1.90ドルと設定しているが，これは絶対的貧困に注目したものである。

一方，相対的貧困は，ある個人や家計の収入とほかのそれとを比較して定義される貧困を意味する[(2)]。例えば，テレビの世帯普及率は90％を超えているが，仮にテレビを所有していなくても，その人の生存を脅かされるとは考えにくい。

しかし，テレビを所有することが国民一般の標準的なライフスタイル（生活様式）であるのであれば，テレビを購入することができない人は相対的貧困の状態にある，と考えることもできる。相対的貧困を測定するため，等価可処分所得が貧困線（通常，等価可処分所得の中央値の半分が用いられる）を下回る人の割合とし，計算される相対的貧困率がよく使われる。わかりやすくいえば，世帯人数で調整した所得を低い順に並べ，真ん中の順番の世帯の所得の半分を貧困線として考えるのである。日本を含む先進国でよく使われるのがこの「相対的貧困」の尺度で，途上国では絶対的貧困の尺度がよく用いられる。この違いは，次の通りである。(3)

・絶対的貧困：人間生活にとって最低限かつ基本的に必要とされる衣食住などのニーズが満たされない状態。
・相対的貧困：ある個人や家計の収入とほかのそれとを比較して定義される貧困。

65歳以上人口に占める一人暮らしの者の割合は男女ともに増加傾向にあり，1995年は男性6.1％，女性16.2％であったが，2015年には男性13.3％，女性21.1％となっている（図表４－１）。また「日本の世帯数の将来推計（全国推計）（2018年推計）」（国立社会保障・人口問題研究所）によると，その割合は2040年，男性20.8％，女性24.5％と推計されている。このような高齢者の一人暮らしの増加は，認知症の進行によるさまざまな生活上の課題や孤独死の問題などを引き起こす。

日本の失業率は，近年，OECD（経済協力開発機構）の平均よりも低い水準で推移している。総務省統計局が実施している「労働力調査」では，完全失業率は，労働力人口（就業者と完全失業者の合計）に占める完全失業者の割合で計算される。ここでいう完全失業者とは就業者ではない人で，さらに求職活動や事業開始の準備をして仕事があればすぐ就くことができる者である（図表４－２）。

図表４－１　65歳以上の一人暮らしの割合

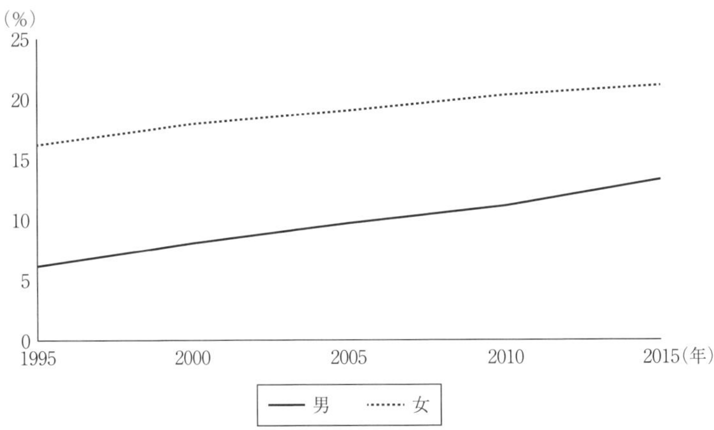

出典：総務省「国勢調査（平成７年，12年，17年，22年，27年)」。

図表４－２　完全失業者の定義

- 15歳以上人口
  - 労働力人口
    - 就業者
      - 従業者
        - おもに仕事
        - 通学のかたわらに仕事
        - 家事などのかたわらに仕事
      - 休業者
    - 完全失業者
  - 非労働力人口
    - 通学
    - 家事
    - その他（高齢者など）

出典：総務省統計局 HP「労働力調査　用語の解説」(2022年１月17日アクセス)。

（２）要援護性

要援護性の定義として，三浦文夫は「ある種の状態が，ある種の目標や一定の基準からみて乖離の状態にある」ものを仮に依存的状態（dependency）あるいは広義のニードと呼び，この依存的状態の「回復，改善等を行う必要があると社会的に認められたもの」を要援護性あるいは狭義のニードと呼ぶことにしておく」と述べている。ここでいう広義のニード（ニーズ）は普遍的なものではなく，社会福祉の対象の個人や集団の状態，社会経済的要因，文化的要因など，さまざまな要因によって規定されることになる。

また広義のニード自体にも，改善などの必要性の判断がすでに暗黙的に含まれてはいるが，要援護性あるいは狭義のニードが成立するためには，さらにより明示的に回復・改善などを行う必要がある，と社会的に認められる必要があることを意味する。

（3）偏見・差別と社会的排除

偏見と差別は，ジェンダー（性別），障害，人種・民族，社会階級などさまざまな理由で生まれる。偏見や差別により社会資源へのアクセスが制約されたり，疎外や搾取されたりするなどの問題を引き起こす。「障害者に関する世論調査」（2017年8月調査）によると，「世の中には障害のある人に対して，障害を理由とする差別や偏見があると思いますか」の質問に対し，「あると思う」または「ある程度はあると思う」と回答した割合が83.9％に上っている。障害を理由とする差別を解消し，障害の有無によらず，すべての国民が相互に人格と個性を尊重し合いながら，共生する社会の実現に向け，「障害を理由とする差別の解消の推進に関する法律（障害者差別解消法）」が2018年4月から施行された。

同法によると，障害者に対する差別として「不当な差別的取扱いの禁止」と「合理的配慮の提供」の2つを挙げている。このうち「不当な差別的取扱い」とは，行政機関等や事業者に対し「障害を理由として障害者でない者と不当な差別的取扱いをすること」を禁止している（同法第7～8条)。「合理的配慮の提供」とは，行政機関等や事業者に対し，障害者から社会的障壁の除去を必要としている旨の意思が表明された場合，負担が過重にならない範囲で，必要，かつ合理的な配慮をすることを求めている（行政機関等は法的義務，事業者は努力規定)。

社会的排除は1980年代，フランスで最初に生まれた概念である。社会的排除は物質面や金銭面での欠如だけでなく，健康，教育，社会参加の度合いなど，非金銭的，非物質的な面での欠如も含められる。さらにその動態的なメカニズム，およびプロセスに着目する点に特徴がある。障害者，ホームレス，生活保護受給者，薬物・アルコール依存症，定住外国人など，社会的排除のリスクが高い者への対応が求められている。

（4）ヴァルネラビリティとニューリスク

近年，社会福祉の分野で注目されるようになったヴァルネラビリティとは，社会的に弱い立場に置かれ，傷つきやすいことを意味する。移民，女性，子ども，貧困者や障害者など，さまざまなリスクやストレスに脆弱な者が存在し，しかも，社会の制度や構造がヴァルネラビリティを持続させたり，強化したりしてしまうこともある。定義や理論，測定などの方法論については今後，さらなる研究が必要な分野である。

ニューリスクとは，従来は存在しなかったり，問題とならなかったことが，新しいリスクとして認識されるようになることから生まれる。AI（人工知能）や遺伝子工学などの技術進歩や地震の危険度の変化など，新たな脅威の発生や認識によって生じたり，ハラスメントや個人情報に対する考え方の変化など，人々の意識の変化により生じたり，外国人労働者の増加や労働市場の変化など，社会が変化することで生じるものがある。

（5）依存症・自殺

依存症とは，特定の物質の摂取や特定の行動にのめり込むことにより，日常生活，または社会生活に支障が生じている状態のことである。依存症になると脳の機能が変化するため，本人の意思の力で解決ができなくなる。この依存症は，多重債務，貧困，虐待，自殺，犯罪など重大な社会問題を生じさせることがあるため，国および自治体は，医療提供体制や相談拠点の整備，社会復帰の支援，民間団体の活動支援などの対策が講じられている。

『自殺対策白書 令和元年版』によると，自殺者数は1998年以降，３万人を

図表4－3　日本における自殺者数の推移

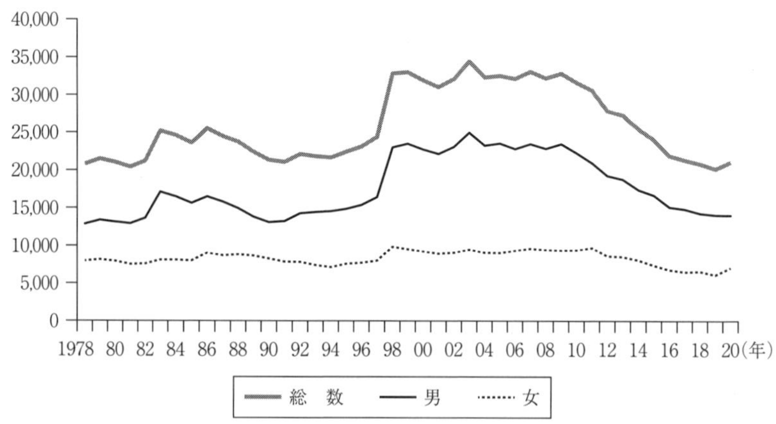

出典：厚生労働省『自殺対策白書　令和３年版』（警察庁「自殺統計」より厚生労働省自殺対策推進室作成）。

上回るようになり，その後，しばらく３万人を超える状態が続いたが，2012年以降，３万人を下回るようになった（図表4－3）。

『自殺対策白書　令和３年版』によると，2020年時点では，男性の自殺者数は女性の約２倍多く，また自殺の動機として健康問題が最も多く，次に経済・生活問題や家庭問題が多い。さらに太刀川（2021）は，OECD data を用いて自殺率を国際的に比較すると，日本は経済協力開発機構（OECD）加盟38カ国の中で６位で，G7の中では最も高いことを明らかにしている。

このような日本における高い自殺者数を背景として，2006年に自殺対策基本法が公布された。自殺の背景には個人的な要因のみでなく，さまざまな社会的な要因があるため，自殺の原因や背景は多様で複合的である。このため，精神保健的観点のみからの自殺対策では不十分であるため，実態に即し，国や自治体，医療機関など関係機関との密接な連携により対策を実施することとしている。2016年度より，地域自殺対策推進センターをすべての都道府県・指定都市に設置し，市町村などを直接的，かつ継続的に支援する体制と機能が強化されるようになった。

図表4-4　世界各国の実質GDP成長率

（単位：%）

	1960～1969年	1970～1979年	1980～1989年	1990～1999年	2000～2009年	2010～2018年
日　本	9.915	4.542	4.395	1.124	0.25	0.916
アメリカ	4.539	3.487	3.416	3.306	1.632	1.943
イギリス	3.057	2.559	3.123	2.477	1.608	1.685
フランス	5.544	3.783	2.401	1.891	1.168	1.128
ドイツ	0	3.015	1.988	1.807	0.494	1.642
イタリア	5.594	3.771	2.417	1.439	0.157	0.037
カナダ	5.264	4.1	2.87	2.324	2.886	1.842
中　国	2.247	5.808	9.44	10.117	10.024	6.368

出典：世界銀行HP，2020年（2022年2月18日アクセス）。

2　社会問題の構造的背景

（1）低成長経済・グローバル化

バブル景気の崩壊の1990年代初頭以降，日本経済は低成長を経験してきた。しかし，このような長期低迷は日本特有のものではなく，世界の多くの先進国でみられる現象である。現に，図表4-4のように，日本や欧米諸国の実質GDP成長率が，年々低下傾向にあることがわかる。これに対し，中国などの新興国では比較的高い成長率が続いている。

一方，GDP（国内総生産）の統計では捉えられない経済活動の可能性について指摘されている。具体的には，無料サービス，シェアリングエコノミー（共有経済），デフレーター（物価変動の程度を表す指標）関連などがある。無料サービスは，インターネット上の検索サービス，スマートフォン上のアプリケーションなどがある。このシェアリングエコノミーにおける経済活動のうち，提供者と利用者が取り引きした金額は，近年，急拡大したサービスであるが，GDPでは十分に捕捉されていない。実質GDPは物価変動の影響を除去して計算されるが，通信サービスなどに代表される技術進歩が著しいサービスについては，価格の下落の実態を捕捉することが困難なため，実質GDP成長率が過少推計されている可能性がある。

ちなみに，「グローバル化」とはITC（情報通信技術）の進歩，交通手段の発達による移動の容易化，市場の国際的な開放などにより，人や物材，情報の国際的移動が活性化し，さまざまな分野で「国境」の意義があいまいになるとともに，各国が相互に依存し，他国や国際社会の動向を無視できなくなっている現象，と捉えることができる。グローバル化の進展は技術の進歩を促進する効果が期待される一方，企業の海外進出や国際競争の激化により国内の労働市場にも無視できない影響を与える。国際競争力の維持や再分配という政策的な視点から，労働市場政策や税制および社会保障などの制度・法律の変更や整備などの取り組みがますます求められている。

（2）少子高齢化・人口減少社会

国勢調査によると，第二次世界大戦後の日本の総人口は2010年までは増加したが，その後，漸減しはじめ，2015年で1億2,709万人となっている。第二次世界大戦後，総人口に占める年少人口（15歳未満人口）の割合は減少傾向にあり，老年人口（65歳以上人口）の割合は増加傾向にある。生産年齢人口（15歳以上65歳未満人口）の割合は1970年までは増加傾向にあり，その後，しばらくその割合は増減し，1990年以降は減少傾向にある。

ちなみに，2015年の年少人口，生産年齢人口，老年人口の総人口に占める割合はそれぞれ約12.6%，60.7%，26.6%となっている（図表4-5）。このような日本における急速な少子高齢化・人口減少の動向は，出産や婚姻，死亡，人口移動のような人口要因によって規定される。出生に関する代表的な指標に合計特殊出生率があり，厚生労働省「令和2年（2020）人口動態統計（確定数）の概況」では，「15歳から49歳までの女性の年齢別出生率を合計したもので，1人の女性がその年齢別出生率で一生の間に産むとしたときの子どもの数に相当する」と説明している。日本の合計特殊出生率は戦後の第一

図表４－５　日本の年齢３区分別人口推移

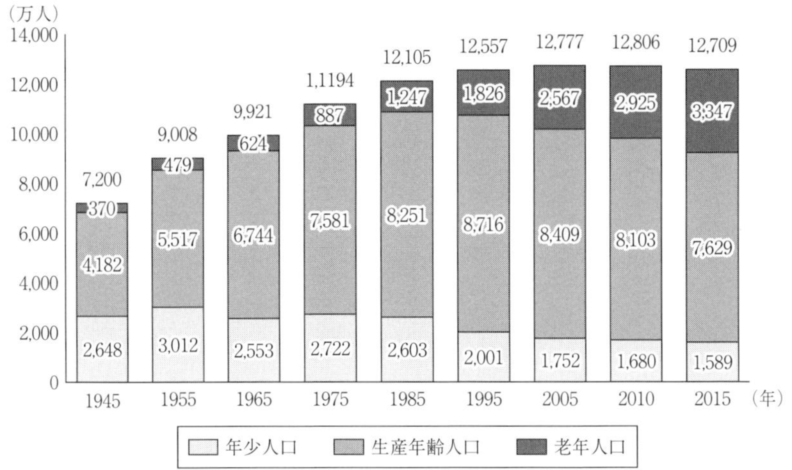

注：総数は年齢「不詳」を含む。
出典：総務省「国勢調査」2015年。

次ベビーブームの時期，約4.5の非常に高い値であったが，その後低下し，1975年には２を下回り2018年現在1.42である。

なお，人口を維持できる水準は2.07とされているが，現在はその水準を大幅に下回っており，今後，人口減少の速度は徐々に加速していくことが予想されている（図表４－６）。

一方，諸外国の合計特殊出生率の推移をみていくと，フランスやスウェーデンでは1990年代まではおおむね減少傾向がみられるが，1990年代後半以降，回復傾向がみられ，直近の2019年にはフランスが1.84，スウェーデンが1.7となっている[(4)]。両国では，出産・子育てと女性の就労の両立支援に力を入れ，保育や育児休業制度を充実させており，ワーク・ライフ・バランス（仕事と生活の調和）の推進のための柔軟な環境整備を進めている。日本では2018年，「働き方改革を推進するための関係法律の整備に関する法律（働き方改革関連法）」が公布され，長時間労働の是正，雇用形態に関わらない公正な待遇の

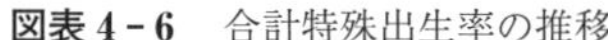
図表 4－6　合計特殊出生率の推移

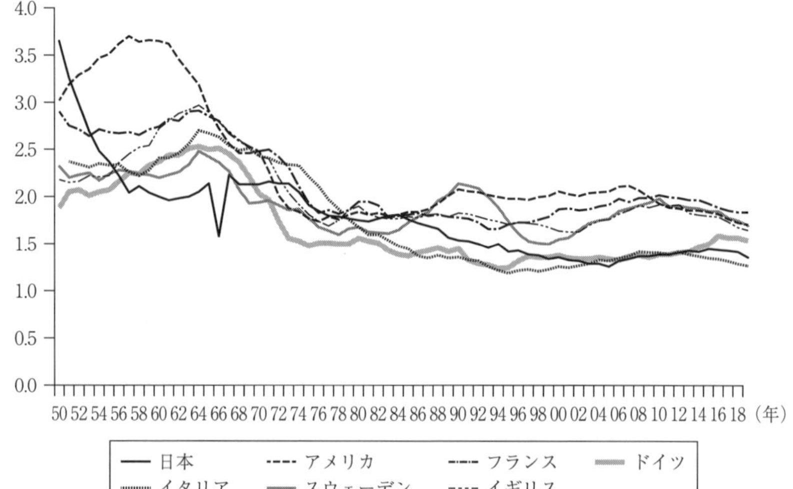

資料：諸外国の数値は1959年まで United Nations "Demographic Yearbook" 等，1960～2018年は OECD Family Database，2019年は各国統計，日本の数値は厚生労働省「人口動態統計」を基に作成。
出典：内閣府『少子化社会対策白書 令和３年版』。

確保，柔軟な働き方がしやすい環境整備などの取り組みが行われ，ワーク・ライフ・バランスの推進のための取り組みが進められつつある。

なお，婚姻は出生にも影響を与える。日本では未婚化，晩婚化，非婚化が進み，2015年の国勢調査によると，年齢別未婚率は男性の場合，25～29歳で72.7%，30～34歳で47.1%，35～39歳では35.0%，女性の場合，25～29歳で61.3%，30～34歳で34.6%，35～39歳では23.9%になっている。そして，生涯未婚率[(5)]は男性が23.4%，女性が14.1%となっている。

これに対し，平均寿命は日本をはじめ各国とも延びている。現に，World Health Statistics（WHO）によると2019年の日本人の平均寿命は男性が81.5歳，女性が86.9歳で，WHO 加盟国194カ国の中で比較すると，日本は男性が２位，女性が１位である。

ちなみに，従属人口指数が低い状態を人口ボーナス，高い状態を人口オーナスという。今後，日本では急速な高齢化の進展が予測され，従属人口指数がきわめて高い人口オーナスの時期には年金保険・医療保険など社会保障の財源の確保のため，国民負担が高くなるなか，新型コロナウイルスの感染拡大に伴う新たな景気の後退も予想され，経済成長を阻害することが懸念される[(6)]。なお，従属人口指数の定義は次の通りである[(7)]。

$$従属人口指数 = \frac{15歳未満人口 + 65歳以上人口}{15〜64歳人口} \times 100$$

（３）格差・貧困・社会意識・価値観の変化

ローレンツ曲線とは，世帯を所得の小さい順に並べ，横軸を世帯数の累積比率，縦軸を所得額の累積比率として描いた曲線である（図表４-７）。もし，全員の所得が同一で，完全に均等に分配されている社会であれば，ローレンツ曲線は原点を通る傾きが45度の直線（均等分布線）となり，所得分布が不均等になるにつれ，その均等分布線から下方に遠ざかる。このため，仮に１つの世帯がすべての所得を独占し，他の世帯の所得がゼロである完全に不均等な社会の場合，ローレンツ曲線は点Ｏ，Ａ，Ｂを通る線となる（図表４-８）。

所得格差を示すジニ係数は，ローレンツ曲線と均等分布線で囲まれる斜線の面積が三角形OABの面積に占める比率をいい，ジニ係数は０から１までの値をとる。０に近いほど所得格差が小さく，１に近いほど所得格差が大きいと解される。つまり，次のように計算できる尺度である。

$$ジニ係数 = \frac{斜線の面積（ローレンツ曲線と均等分布線で囲まれた面積）}{\triangle OABの面積}$$

そこで，日本を含む各国のジニ係数をみてみると，1980年代以降，多くのOECD主要国でジニ係数が上昇する傾向がみられ，所得格差が拡大する傾向を確認することができる（図表４-８）。

図表 4-7　均等分布線とローレンツ曲線

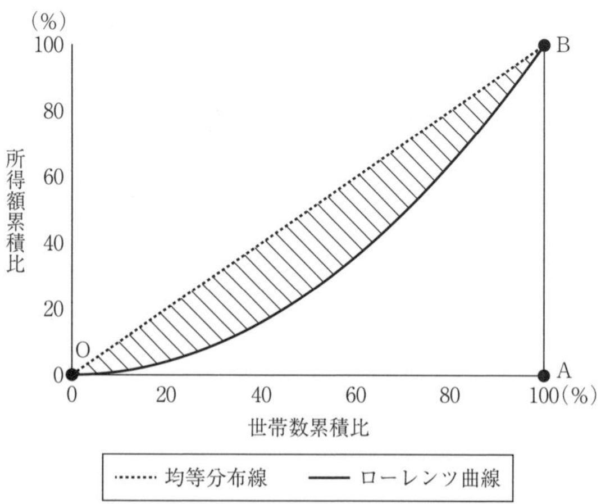

出典：筆者作成。

図表 4-8　OECD 主要国のジニ係数の推移

	1985	1995	2000	2003	2006	2009	2012
カナダ	0.293	0.289	0.315	0.316	0.317	0.32	
デンマーク	0.221	0.215	0.227		0.239	0.238	
ドイツ	0.251	0.266	0.264	0.282	0.29	0.288	
イタリア		0.327	0.323			0.315	0.329
日本	0.304	0.323	0.337	0.321	0.329	0.336	0.33
スウェーデン		0.211	0.243			0.269	
イギリス	0.309		0.352	0.335	0.339	0.345	
アメリカ	0.34	0.361	0.357	0.374	0.384	0.379	0.389

資料：OECD. Stat（2017年3月9日閲覧）より厚生労働省政策統括官付政策評価官室作成。
出典：厚生労働省編『厚生労働白書 平成29年版』日経印刷。

一方，厚生労働省の「国民生活基礎調査」では，17歳以下の子ども全体に占める等価可処分所得が貧困線（等価可処分所得の中央値の半分）に満たない子どもの割合を計測したものを「子どもの貧困率」としている。つまり，相対的貧困に着目し，子どもは所得がないため，子どもが属している世帯の等

図表４－９　貧困の推移　　　　（単位：％）

	子どもの貧困率	相対的貧困率
1985年	10.9	12.0
1988年	12.9	13.2
1991年	12.8	13.5
1994年	12.2	13.8
1997年	13.4	14.6
2000年	14.4	15.3
2003年	13.7	14.9
2006年	14.2	15.7
2009年	15.7	16.0
2012年	16.3	16.1
2015年	13.9	15.7

出典：厚生労働省「国民生活基礎調査の概況」平成28年。

価可処分所得を用いて貧困率を計測している。

図表４－９は日本の相対的貧困率と子どもの貧困率を示したものだが，貧困率が年々，上昇する傾向にあることがわかる。また，OECD（2014年）によると，日本の子どもの相対的貧困率は OECD 加盟国43カ国の平均よりも高い(8)。貧困は健康や人間関係，ストレスなどにも悪影響を与えるとする研究結果もあるため，子どものころの貧困がその後の人生に与える悪影響を無視することはできない。

内閣府の「社会意識に関する世論調査」（昭和50年，昭和61年，平成９年，平成23年，令和２年）では，現在の地域での付き合いの程度について調査しており，1975年から2020年にかけ，「よく付き合っている」と回答した割合が急速に低下している。地域での付き合いはソーシャル・キャピタル（社会関係資本）と関わりがある（図表４－10）。

パットナム（Robert D. Putnam）は，この点について「社会関係資本が指し示しているものは個人間のつながり，すなわち社会的ネットワーク，お

図表 4－10　地域での付き合いの程度の推移

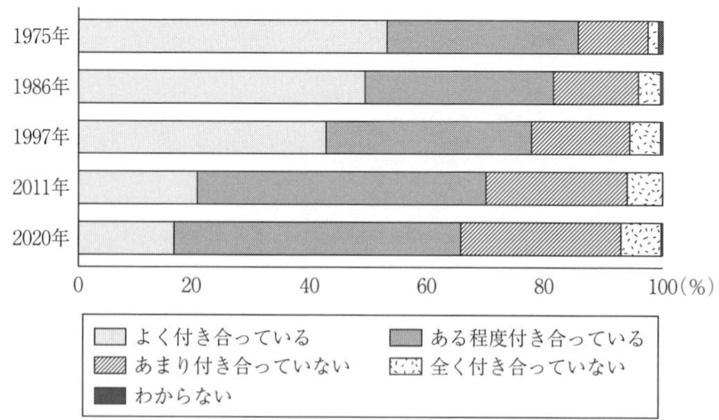

注：1997年以前は，近所付き合いの程度についての結果であり，回答の選択肢は，左から「親しく付き合っている」「付き合いはしているがあまり親しくはない」「あまり付き合っていない」「全く付き合っていない」「わからない」となっている。

出典：内閣府「社会意識に関する世論調査」昭和50年，昭和61年，平成９年，平成23年，令和２年。

よびそこから生じる互酬性と信頼性の規範である」と説明している。そしてパットナムは，20世紀の終わりにかけての30年間でアメリカでの社会関係資本の不足が拡大していることを指摘し，その主要な理由として，テレビの普及，共働き家族の増加，スプロール現象，価値観の世代変化を挙げている。しかしこうした社会関係資本の衰退は，時間的に一貫した性格のものではなく，アメリカでは衰退と復興の歴史であることを指摘している。

社会関係資本の不足は，教育成果，健康や幸福，地域の犯罪，脱税などの民主的制度のパフォーマンスなどに悪影響を及ぼす実証分析結果もある。2012年７月に厚生労働省の「地域保健対策の推進に関する基本的な指針」が一部改正され，地域保健対策の推進のため，「ソーシャルキャピタルを活用した自助及び共助の支援の推進」が示されている。

結婚する意思があると回答した未婚者のうち，「ある程度の年齢までには結婚するつもり」と考える割合は2000年頃までは減少傾向にあるが，2000年

図表4－11　結婚の時期に対する考え方（未婚男性）

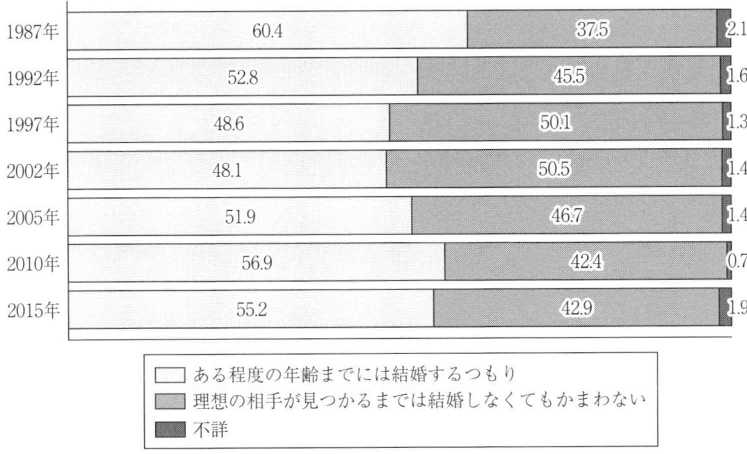

注：対象は18～34歳未婚者。

出典：国立社会保障・人口問題研究所「現代日本の結婚と出産：第15回出生動向基本調査（独身者調査ならびに夫婦調査）報告書」2015年。

図表4－12　結婚の時期に対する考え方（未婚女性）

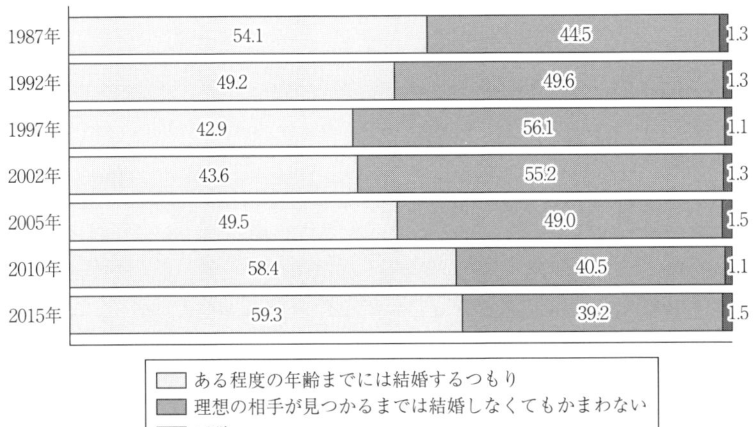

注：対象は18～34歳未婚者。

出典：国立社会保障・人口問題研究所「現代日本の結婚と出産：第15回出生動向基本調査（独身者調査ならびに夫婦調査）報告書」2015年。

以降，その割合は増加傾向にある。特に女性は近年，その割合が高い。一定年齢が時代によって変わる面はあるが，個人的な理由では結婚を希望していても，社会的な要因などのそのほかの要因で結婚を阻害している傾向が近年，みられる（図表４-11・12）。

注

(1) 自由国民社編『現代用語の基礎知識　2019』自由国民社、2019年。

(2) 同前。

(3) 同前。

(4) 2010年半ば以降ふたたび減少傾向が見られるようになっている。

(5) 生涯未婚率は50歳時の未婚率であり，45～49歳と50～54歳の未婚率の平均値で算出される。

(6) 小峰隆夫は，「人口オーナス下の労働を考える」において，人口オーナスが潜在成長率の低下をもたらすことを指摘している。その理由として，経済の長期的な潜在成長力は，労働や資本，技術進歩の役割が重要であるが，人口オーナス期には労働人口が減少し，また高齢者は，貯蓄を切り崩して生活をする者が多いため，資本の蓄積が阻害される可能性を指摘している。

(7) 総務省統計局 HP「人口推計 用語の解説」（2022年１月17日アクセス）。

(8) OECD "Family Database" (http://www.oecd.org/social/family/database.htm, 2020年，2022年２月28日アクセス）を参照。

参考文献

大竹文雄『日本の不平等――格差社会の幻想と未来』日本経済新聞出版，2005年。

小峰隆夫「人口オーナス下の労働を考える」『日本労働研究雑誌』労働政策研究・研修機構，2016年，４-15頁。

太刀川弘和「自殺者数の推移――世界と日本の現状」『精神医学』63（７），医学書院，2021年，1025-1032頁。

橘木俊詔『格差社会――何が問題なのか』岩波新書，2006年。

パットナム，ロバート・D.／柴内康文訳『孤独なボウリング――米国コミュニティの崩壊と再生』柏書房，2006年。

三浦文夫『社会福祉政策研究――福祉政策と福祉改革』全国社会福祉協議会，1997年。

世の中は今

子どもの貧困対策を総合的に推進するため，政府は2019年に「子どもの貧困対策に関する大綱」を閣議決定した。子育てや貧困を家庭の問題とするのではなく，地域や社会全体で課題を解決し，子どもたちが夢や希望を持つことのできる社会の構築を目指している。

具体的には，子どもの貧困に関する指標が設定され，その中でスクールソーシャルワーカーによる対応実績のある学校の割合が含まれている。2018年度の実績割合は小学校が50.9%，中学校が58.4%となっている。子どもの貧困対策に関する重点施策の一つとして，スクールソーシャルワーカーが機能する体制の構築が明記され，スクールソーシャルワーカーの配置時間の充実などの勤務体制，教育環境などの工夫を目指すことになっている。このため，今後，スクールソーシャルワーカーや児童相談所，放課後児童クラブ，教育委員会・学校などとの連携の強化がますます求められている。

第5章　福祉政策の基本的な視点

学びのポイント

本章では，社会福祉の原理や歴史，思想・哲学・理論，社会問題と社会正義を踏まえた政策を学ぶために必要な基本的な視点について学ぶ。
具体的には，まず現代の社会問題について整理した上，その社会問題を解決するため，どのような福祉政策を講ずるべきか，また，その際の福祉政策の概念と理念はいかにあるべきか，さらに福祉政策と社会保障・社会政策との関係および福祉レジームと福祉政策との関係についても考える。このため，その学びにあたっては「社会保障」の講義と併せて学ぶことがポイントとなる。

1　現代の社会問題と福祉政策

福祉政策を講じて国民が抱える問題を解決するためには現代社会においてどのような問題があるのだろうか。

まず第1は人口の少子高齢化に伴う年金，医療，介護，子育てに関わる問題がある。このうち，少子化は2005年以来，女性が一生の間に産む子どもの数，すなわち，合計特殊出生率は1.3前後で推移している。その背景として女性の就業に伴う社会進出や結婚年齢の晩婚化，非婚化，パート（パートタイマー：短期労働者），契約社員など非正規雇用者，共働き世帯の急増がある。

第2は平均寿命や健康寿命の伸張に伴う高齢化率の上昇による高齢者，2025年，すべての団塊世代が75歳以上の後期高齢者となり，ただでさえ介護を必要としている要介護・要支援高齢者が急増，2065年，本格的な少子高齢社会および人口減少が到来する情勢である。また，親子別居で高齢の夫婦が互いに介護する「老老介護」や，子どもが新幹線などを利用して老親を休日に介護のため帰郷して介護する「遠距離介護」，認知症の高齢者夫婦が介護し合う「認認介護」，80代の老親が50代の子どもと同居し，生活支援をする「8050問題」がある。

そして，第３は老後の年金や医療，介護費用の負担の問題がある。特に75歳以上の後期高齢者医療制度にあっては，医療費の自己負担は原則として１割，現役世代並みの所得（夫婦２人世帯520万円，１人世帯383万円）がある場合は３割だが，前者の場合，2022年10月，２割に引き上げられる予定であるほか，介護保険の要介護・要支援高齢者の施設および居宅，地域密着型サービスが縮減される半面，利用料は引き上げられるという問題がある。それだけではない。1990年代以降の経済のグルーバル化や2008年のリーマンショックなど長引くデフレ不況にコロナショックが加わって絶対的貧困が急増，解雇や一時解雇（レイオフ），雇い止め，一時休業などによって非正規雇用者に加え，就職氷河期に学生時代を過ごした40代の現役世代の失業やワーキングプアが深刻となっている。

ちなみに，絶対的貧困とは人間として生活していく上で最低限必要な生活三要素，すなわち衣食住などが不十分な状態で，生活保護等の福祉サービスを必要とする状態を指す。近年，格差と貧困の拡大がさらに顕著となっており，より多くの子どもの貧困をも招いている（図表５-１）。

また，このような生活苦に伴い，離婚や晩婚化・非婚化をはじめ，老親など高齢者や障害者，配偶者，子どもへの虐待，自殺，一家無理心中，ホームレスへの暴力，職場でのパワーハラスメント（パワハラ）やセクシュアルハラスメント（セクハラ），マタニティハラスメント（マタハラ）なども招いている。そこへ，2020年春以降の新型コロナウイルス感染症の拡大によってこれらの問題はさらに深刻化している。

図表5-1　被保護人員・保護率・被保護世帯数の年次推移

○生活保護受給者数は約206万人。2015年3月をピークに減少に転じた。
○生活保護受給世帯数は約163万世帯。高齢者世帯が増加している一方，高齢者世帯以外の世帯は減少傾向が続いている。

2018年度（確報値）	2020年4月（速報値）
2,096,838人	2,059,536人
1.66%	1.64%
1,637,422世帯	1,634,584世帯

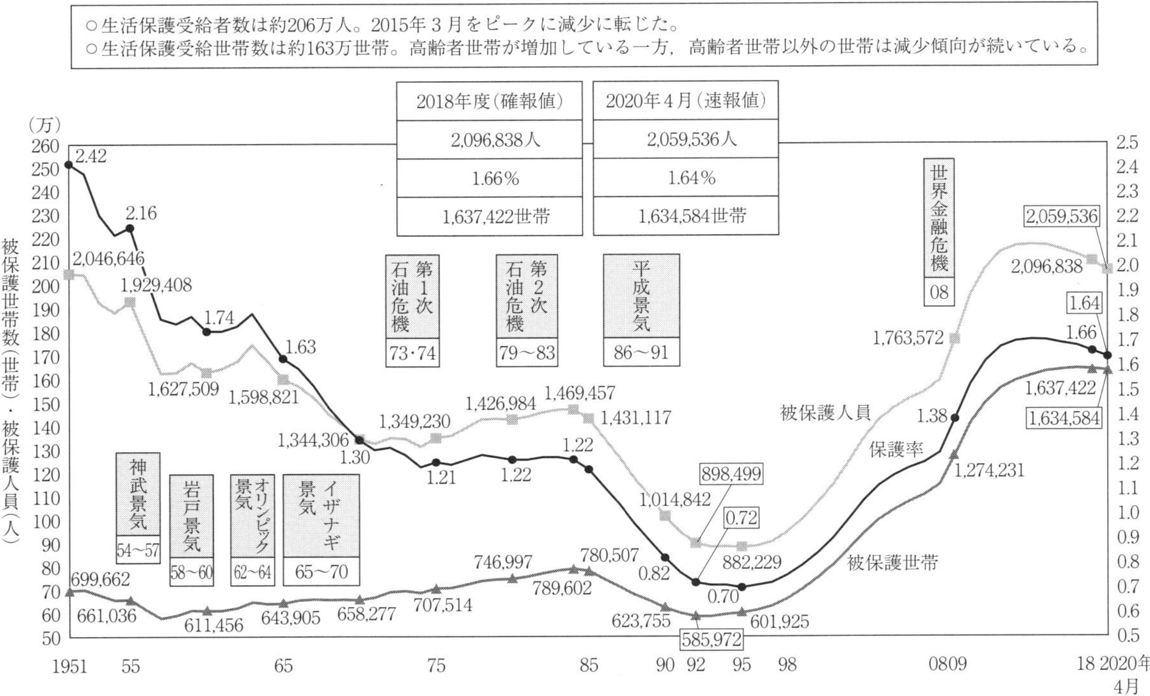

出典：厚生労働省 HP，2020年12月23日検索。

2　福祉政策の概念・理念

ところで，福祉政策の概念とは一口でいえば社会福祉に関する政府の制度・政策をいう。このため，前述したようなさまざまな社会問題に対し，政府がこのような福祉政策を第一義的な公的責任としての公助により解決するものである。また，その理念は国民主権，基本的人権の尊重，平和主義を三大原則とする日本国憲法第25条に基づき，すべての国民が健康で文化的な最低限度の生活を営むことができるよう，政府は生存権の保障および国の社会保障的義務の履行を果たすことである。

そこで，前述した「50年勧告」および「95年勧告」に基づき国民が納める消費税など税金や社会保険料を財源に所得の再分配により必要な福祉政策を講じ，年金や医療，介護，子育てはもとより，虐待や自殺，一家無理心中，暴力，各種ハラスメント，さらには新型コロナウイルスの感染症対策など公衆衛生の社会問題を解決することにある。

3　福祉政策と社会保障・社会政策

福祉政策と社会保障・社会政策の関係では，まず福祉政策は狭義では年金保険，医療保険，雇用保険，労働者災害補償保険（労災保険），介護保険からなる社会保険をはじめ，公的扶助（生活保護），公衆衛生および医療，高齢者医療，恩給，戦争犠牲者援護，住宅対策，雇用対策からなる社会保障の一部としての社会福祉の制度・政策，すなわち，高齢者福祉や障害者福祉，児童（家庭）福祉などである。

しかし，広義ではこれらの社会保障を包含し，年金保険や医療保険，雇用保険，労災保険，介護保険からなる社会保険をはじめ，公的扶助（生活保護）や公衆衛生および医療，高齢者医療，恩給，戦争犠牲者援護，住宅対策，雇

図表５－２　SDGs（持続可能な開発目標）

目標１［貧困］
あらゆる場所あらゆる形態の貧困を終わらせる。
目標２［飢餓］
飢餓を終わらせ，食料安全保障及び栄養の改善を実現し，持続可能な農業を促進する。
目標３［保健］
あらゆる年齢のすべての人々の健康的な生活を確保し，福祉を促進する。
目標４［教育］
すべての人に包摂的かつ公正な質の高い教育を確保し，生涯学習の機会を促進する。
目標５［ジェンダー］
ジェンダー平等を達成し，すべての女性及び女児のエンパワメントを行う。
目標６［水・衛生］
すべての人々の水と衛生の利用可能性。
目標７［エネルギー］
すべての人々の安価，かつ信頼できる持続可能な近代的なエネルギーへのアクセスを確保する。
目標８［経済成長と雇用］
包摂的，かつ持続可能な経済成長およびすべての人々の完全，かつ生産的な雇用と働きがいのある人間らしい雇用（ディーセントワーク）を促進する。
目標９［インフラ，産業化，イノベーション］
強靭（レジリエント）なインフラ構築，包摂的，かつ持続可能な産業化の促進およびイノベーションの推進を図る。
目標10［不平等］
国内および各国家間の不平等を是正する。
目標11［持続可能な都市］
包摂的で安全かつ強靭（きょうじん）（レジリエント）で持続可能な都市および人間居住を実現する。
目標12［持続可能な消費と生産］
持続可能な消費生産形態を確保する。
目標13［気候変動］
気候変動およびその影響を軽減するための緊急対策を講じる。
目標14［海洋資源］
持続可能な開発のため，海洋・海洋資源を保全し，持続可能な形で利用する。
目標15［陸上資源］
陸域生態系の保護，回復，持続可能な利用の推進，持続可能な森林の経営，砂漠化への対処ならびに土地の劣化の阻止・回復および生物多様性の損失を阻止する。
目標16［平和］
持続可能な開発のための平和で包摂的な社会を促進し，すべての人々に司法へのアクセスを提供し，あらゆるレベルにおいて効果的で説明責任のある包摂的な制度を構築する。
目標17［実施手段］
持続可能な開発のための実施手段を強化し，グローバル・パートナーシップを活性化する。

出典：外務省 HP（2021年12月23日アクセス）を基に筆者作成。

用対策などすべてを対象とする事業・活動も含まれる。このため，福祉政策は社会保障では充足しない，また，できないと思われる制度・政策を補完する事業・活動でもある。

一方，社会政策は社会で起こるさまざまな問題を解決するために必要な制度・政策をいう。このため，前述した福祉政策や社会保障はもとより，環境や公害，防災・減災など幅広い社会問題を包含する。その意味で，国際社会が2030年をメドに進めている17のSDGs（持続可能な開発目標）も当然のことながら視野に入れ，日本はもとより，各国をあげて取り組む必要がある（図表5-2）。

4　福祉レジームと福祉政策

福祉レジームとはエスピン・アンゼルセンの概念で，アメリカの新自由主義的な福祉国家，EUなどの保護主義的な福祉国家，スウェーデンやデンマーク，フィンランドなど北欧諸国の社会民主主義的な福祉国家の３つに類型化，雇用対策と福祉レジームの関係の重要性を提起し，グローバル化のためには，これらの類型化のうち，社会民主主義的な福祉国家が最も望ましいとしている。

そこで，これらの福祉政策のためには介護施設や診療所，病院などの保険医療機関の増設，ホームヘルパー（介護職員初任者研修修了者）やガイドヘルパー（移動介助従事者），ケアマネジャー（介護専門支援員），医師，看護師，保健師，薬剤師，理学療法士，作業療法士，言語聴覚士，職場での産業医などのマンパワー（人材）を養成・確保する必要があるが，少子高齢化の進展によって消費税など税金や社会保険料を負担する現役世代が減少する上，肝心の福祉政策は戦後約76年，事実上，一党独裁の歴代の自民党政権は近年，公明党との連立政権を組むものの，旧態依然として政官財（業）の癒着（ゆちゃく）による新幹線や高速道路，地方空港，港湾など東京一極集中を加速する土建型公共事業の強行や東京五輪（オリンピック・パラリンピック）の再度の招致に終始している。加えて，最近は“ウィズコロナ”と称し，感染症対策よりも飲食・宿泊・観光業支援策「GoTo キャンペーン」を優先させているなど真の行財政改革はもとより，2020年度末現在，総額約484兆円もの大企業（金融・保険業を除く）の内部留保の放出をさせず，総額約1,200兆円に上っている赤字国債の「ツケ」を次世代に回している有様で，先行きがみえないのが実態である。

参考文献

アンデルセン，G. エスピン／岡沢憲芙・宮本太郎監訳『福祉資本主義の三つの世界――比較福祉国家の理論と動態』ミネルヴァ書房，2001年。

川村匡由『社会福祉普遍化への視座――平和と人権を基軸にした人間科学の構築』ミネルヴァ書房，2004年。

川村匡由『地域福祉とソーシャルガバナンス――新しい地域福祉計画論』中央法規出版，2004年。

川村匡由編著『現代社会と福祉』電気書院，2018年。

川村匡由・島津淳・佐橋克彦編著『福祉行財政と福祉計画 第2版』久美出版，2011年。

日本の政府・企業は今

日本の SDGs への取り組みは，いずれをとってもドイツなどの先進国に比べ，きわめて遅れている。その最たるものは脱・炭素化で，たとえば国際エネルギー機関（GHG）は2050年の再生可能エネルギーを9割とすべく，2030年度までに石炭火力の全廃，さらに2035年までにガソリン車を電気自動車（FV）に生産を転換するのに対し，日本の政府は石炭火力発電の輸出を検討しているほか，原子力発電所の再稼働に固執している。また，自動車メーカーも本格的な全車 FV 化に踏み切れていない。

第6章　福祉政策の構成要素と過程

学びのポイント

これまで社会福祉の原理をはじめ，その歴史や思想・哲学，理論，社会問題と社会構造，福祉政策の基本的な視点およびニーズと資源について述べてきたので，本章ではこれを受け，福祉政策の構成要素と過程について言及する。

具体的には，社会福祉に関わる公共部門や準公共部門，民間非営利部門，民間営利部門による制度・政策および事業・活動の役割と機能，さらに，これらの部門による福祉サービスの供給に至る過程および国民・住民のあり方への学びである。

1　福祉政策の構成要素

（1）福祉政策の構成要素とその役割・機能

まず福祉政策の構成要素だが，その前に社会福祉の概念を今一度，再確認しておきたい。なぜなら，前述したように，社会福祉の概念について，政府は「50年勧告」および「95年勧告」を受け，年金，医療，雇用，労災，介護の社会保険をはじめ，公的扶助（生活保護），高齢者や障害児者，児童，母子・父子・寡婦，生活困窮者などからなる社会福祉，今般の新型コロナウイルスなど感染症対策や精神病，麻薬，伝染病，上下水道，廃棄物処理などの公衆衛生および医療，後期高齢者医療制度などの老人保健・医療からなる狭義の社会福祉，これに文官恩給・旧軍人恩給などの恩給，戦没者遺族年金などの戦争犠牲者援護を加えた広義の社会福祉，さらに公営住宅建設などの住宅対策や失業対策事業の雇用対策を加えた最広義の社会福祉のいずれを社会福祉の概念として捉えるかに対し，政府は最広義の社会福祉としている。

その上で，福祉政策の構成要素とその役割・機能として，政府は第一義的，そして，自治体は第二義的とし，日本国憲法第25条に基づく生存権および国の社会保障的義務として所得の再分配を通じ，必要な制度・政策を中心とした福祉政策を講じている。

しかし，その実態は第二次世界大戦後の約75年，歴代の自民党および自公政権は「地方分権化」や「増税なき財政再建」「全世代型社会保障」などといいながら「平成の大合併」の強行や「コンパクトシティ」の推奨など集権国家を強め，高齢者や障害児者，児童，母子・父子・寡婦，生活困窮者などからなる社会福祉として他の制度・政策，すなわち，感染症対策や精神病，麻薬，伝染病，上下水道，廃棄物処理などの公衆衛生および医療，後期高齢者医療制度などの老人保健・医療からなる狭義の社会福祉に固執し，文官恩給・旧軍人恩給などの恩給，戦没者遺族年金などの戦争犠牲者援護を捨象している。現に，これらの国家賠償をめぐる集団訴訟が各地で起こされ，係争中であるのはその証左である。

とりわけ，1990年代以降，少子高齢化の進展に伴う国民の福祉ニーズの多様化，高度化，複雑化を受けて福祉政策の充実が求められ，消費税の導入など税金や社会保険料，福祉サービスの利用料が引き上げられているにもかかわらず，財政再建には着手せず，そのツケを後世に回している。このため，国民の福祉ニーズの多様化，高度化，複雑化，正規雇用者と非正規雇用者，都市部と地方，男女などをめぐる格差と貧困の拡大，さらには2065年の本格的な少子高齢社会および人口減少を見据え，福祉政策の整備・拡充が求められているにもかかわらず，所得の再分配による政府の国民の生存権の保障および社会保障的義務ともその機能も役割も不十分なため，福祉政策は不十分なままである。

（2）公助の縮小と自助・互助・共助の拡大

その背景に歴代の政権は新自由主義に基づく行財政改革，すなわち，社会保障構造改革および社会福祉基礎構造改革にあり，措置制度から契約制度へとシフトし，「増税なき財政再建」や「地域福祉の推進」「地域共生社会の実現」「地域包括ケアシステムの深化」などの看板を掲げながら広義の社会福祉を縮小，福祉サービスを新たな市場として企業・事業所や社協，福祉公社，生活協同組合（生協），農業協同組合（農協），NPOなどの経済市場や準市場，社会市場，事業者の参入を奨励，従来のフォーマルサービスよりもインフォーマルサービスを優先したシルバーサービスなど福祉産業に期待を寄せていることにある。半面，利用者も含む国民はこれらの福祉政策を補完すべく地域の高齢者や障害児者，児童などの見守りや安否確認，地域福祉の推進などのため，空き家や古民家を活用したカフェの設置の資金集めのため，バザーを運営するなどヒト・モノ・カネの3点セット集めに取り組みつつある。

ところが，政府は旧態依然として福祉サービスの供給主体を公共部門から準公共部門，さらには民間非営利部門，民間営利部門による制度・政策，さらには国民・住民による地域での事業・活動へと重点を移しつつある。つまり，その多元化の拡大である。この結果，福祉政策の構成要素である役割と機能は政府から自治体，さらには民間非営利部門や民間営利部門に転嫁，国民の福祉サービスの費用負担を増やす半面，最広義の社会福祉を縮減すべく少子高齢化や人口減少に伴う社会保障給付費の抑制を行っている。それはまた，多様化，高度化，複雑化した福祉サービスを有する国民に対し，地域での住民として自助や互助，さらには共助を強調する形となっている。いわゆる「大きな政府」よりも「小さな政府」への固執である。

その象徴が本来，“第1のセーフティネット”であるべき公的扶助（生活保護）を“第3のセーフティネット”としていることである[(1)]（図表6-1）。

また，2011年の東日本大震災（東北地方太平洋沖地震）および東京電力福島第一原子力発電所事故の処理にあって，安倍元首相はIOC（国際オリンピッ

図表 6－1　通説と政府の“セーフティネット”の概念

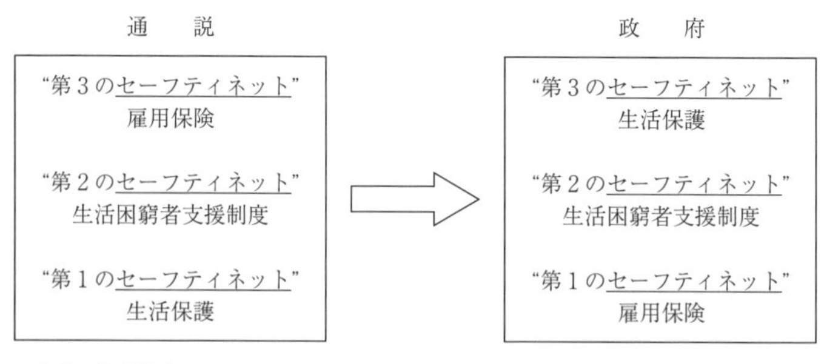

出典：筆者作成。

ク委員会）の2020年夏の五輪（オリンピック・パラリンピック）の開催地招致を決議する総会で「アンダーコントロール（制御下）」と発言し，再度の東京五輪の招致を取り付け，“復興五輪”や“パラリンピック”なる言葉を付けてはやし立てているものの，事故後，丸10年経ったにもかかわらず，不十分な除染の半面，一旦停止された各地の原発を相次いで再稼働に踏み切ったり，原発事故でたまった高レベル放射性廃棄物（核のゴミ）の海洋放出を模索している。

そればかりか，同年春以降，世界はおろか，国内でも感染拡大している新型コロナウイルス感染症の収息の見通しがつかないにもかかわらず，“ウィズ・コロナ”と称して「GoTo キャンペーン」を展開，感染症対策よりも飲食・宿泊・観光業支援策など社会・経済政策を優先，一部の国民も「GoTo キャンペーン」に乗じ，国内旅行や宿泊，飲食，各種イベントに興じるなど政治への関心の希薄さが否めない。また，政府や自治体，財界も2026年の大阪府・大阪市などでの統合型リゾート（IR）構想に賛同，福祉政策の充実など二の次，三の次と化している。

（3）措置制度・多元化する福祉サービス提供方式

これら一連の背景には国民の納めた税金や社会保険料を財源とし，所得の再分配による福祉政策，すなわち，政府を第一義的とした措置制度による福祉政策から民活導入，すなわち，国民の費用負担能力に応じた福祉サービス提供方式の多元化・民営化という流れがある。

具体的には，福祉サービスの提供主体の公共部門から準公共部門へ，また，民間非営利部門および民間営利部門による制度・政策，また，国民・住民の自主的・自発的なボランティア活動としての事業・活動からなる多元化する福祉サービス提供方式だが，詳しくは第10章を参照されたい。

なお，社会福祉に関わる公共部門や準公共部門，民間非営利部門，民間営利部門についても，政府は，社会保障構造改革および社会福祉基礎構造改革によって最広義の社会福祉を縮小させている。そして，国民の福祉サービスの費用負担を増やして複雑化している福祉ニーズを充足するとし，政府の公的責任としての公助を縮減している。これは，国民主権，基本的人権の尊重，平和主義を三大原則とする日本国憲法に反した新自由主義に基づく行財政改革である。

その典型的なケースが，2000年４月の介護保険の導入による介護老人福祉施設の整備・拡充に代わる企業・事業所による有料老人ホームやサービス付き高齢者向け住宅（サ高住）などの林立と福祉サービスをめぐる不満や苦情，トラブルである。それはともかく，本来の福祉政策は国民の福祉ニーズを充足すべく単に効率性と公平性を図るため，その種類や内容を把握し，必要な社会資源およびソーシャル・キャピタル（社会関係資本）を醸成するとともに利用者の自己決定やエンパワメントを引き出し，利用者本位による自立支援を図るべきである。

具体的には，現代の社会問題と福祉政策，すなわち，格差と貧困，孤立，失業，偏見と差別，社会的排除，依存症，自殺，災害弱者などの問題に対し，公共部門である政府や自治体が中心となって必要な制度・政策を拡充するとともに，その不足は社協や福祉公社，生協，農協，NPO 法人および住民の有志による準公共部門，民間非営利部門，さらに企業・事業所など民間営利部門のフィランソロピー（社会貢献活動）の事業・活動によって補完し，解決を図るべきである。

2　福祉政策の過程

（1）政策決定と実施・評価

ところで福祉政策の過程だが，第3章で述べたように，まず政策決定と実施，評価ではPDCAサイクルによって行うことが一般的である。すなわち，政府を第一義的，自治体を第二義的とし，政府の立法や法改正，大綱，指針，予算および自治体の条例や基本構想（総合計画）などに基づき福祉計画を策定する「Plan」，およびその「Plan」に基づく制度・政策および事業・活動を実施する「Do」，また，その結果を評価する「Check」，さらにその結果を評価し，積み残しの制度・政策および事業・活動があればその原因を分析し，当初の福祉計画を改定すべく「Action」へと導く過程を重視する理論で，かつては「Plan-Do-See」理論と呼ばれた。

そこで，ソーシャルワークの視点に立てば政府の立法や法改正，大綱，指針，予算および自治体の条例や基本構想（総合計画）などを踏まえ，ソーシャルワークリサーチとして国民の福祉ニーズを把握・分析するとともに，地域診断も行って社会資源を調達し，関係者の協力および国民・住民参加によってソーシャルプランニングとして福祉計画を策定する一方，モデル地区を設定し，必要な制度・政策および事業・活動をパイロット事業として実施後，その成果をすべての地区に拡大する。そして，これらの結果をソーシャルアドミニストレーションによって運営・評価した結果，積み残しがあれば福祉計画を改定するとともに，場合によっては国民・住民によるソーシャルアクションを通じ，すべての課題を解決することになる（図表6-2）。

図表6-2　福祉計画の策定・実施・評価

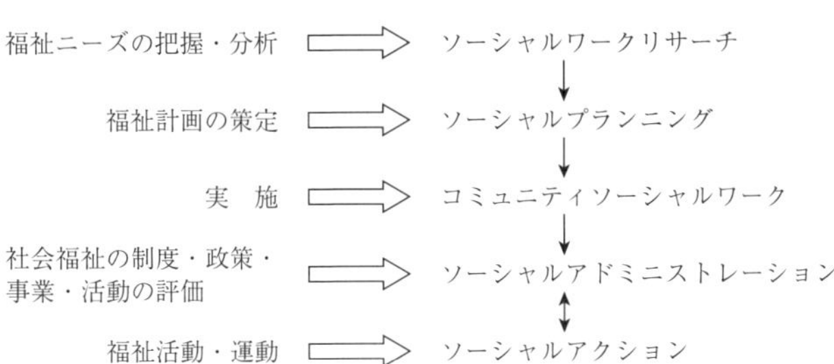

出典：川村匡由『地域福祉とソーシャルガバナンス』中央法規出版，2007年，126頁を一部改変。

（2）福祉政策の方法・手段

次に福祉政策の方法・手段だが，前項で解説したようなPlan・Do・Check・Actionにより進めていく。

具体的には，政府あるいは自治体の方針や福祉計画の策定内容を受け，「Plan」すなわち課題計画や実施計画を同時進行的に策定すべく学識経験者や各種団体の代表者，および一般住民に公募した委員からなる策定委員会を設けたあと，住民や関係団体を対象としたアンケート調査やヒアリング調査，パブリックコメントの公募，ワークショップ，タウンミーティング，さらに先進地の視察を行い，その結果をシンポジウムやパネルディスカッション，講演会を通じて中間報告を行う。そして，そこでの意見交換の結果を策定委員会に持ち寄り，少なくとも向こう10年のスパン（計画期間）を見据えた最終報告に基づく基本計画を策定後，ヒト・モノ・カネの3点セット，すなわち，必要な人材の養成・確保や施設の設置，予算を予算化して実施計画を策定後，「Do」すなわち必要な制度・政策および事業・活動を実施し，国民・住民の福祉ニーズの充足や地域組織化を図る。この場合，“親”の策定委員会に対し，“子”に当たる分科会を各分野ごとに併設し，よりきめ細かく丁寧に議論を積み上げるのが一般的である。

ただし，その前提としてどのような国家や地域を目指すべきか，基本構想

（総合計画）としての構想計画を立案すべく「Vision」を描くことが必須なため，国民主権，基本的人権の尊重，平和主義を三大原則とし，かつ地方自治の本旨を謳う日本国憲法および地方自治法に照らした真の福祉政策とすべく国家および地域のグランドデザイン（将来象）を描く必要があるため，学識者の提言を受ける。しかも，それは社会福祉の研究者だけでなく，憲法や地方自治，財政など幅広い学際的な学識者の協力を得たい。その上で，政府にあっては首相など内閣とする社会保障審議会，自治体にあっては知事または市町村長を委員長とする地方社会福祉審議会を設置するとともに，基本構想を策定する策定委員会などと併せ，基本計画や実施計画，評価計画を策定する事務局を設置し，必要な予算措置や人材の配置などに努めることが必要である。

（3）資源の把握・開発方法

1）種類と内容

福祉サービスの利用者のニーズを充足し，さらに充実させるためには利用者が住み慣れた地域で必要なサービスが提供されることが必要である。このため，そのポイントとなるのが資源である。この資源は正式には社会資源，あるいは地域福祉の推進上，地域資源というべきで，前述したように，公，すなわち政府および自治体の制度・政策のほか，私すなわち企業・事業所や社協・NPO・ボランティアなどがある。

2）把握方法

さて，これらの福祉ニーズの把握の方法だが，利用者の直訴による相談や調査，診断，宣言，申請，苦情申し立て，提訴などとさまざまだが，このような直接行動を示し得ない認知症高齢者や視覚障害者，難病患者，児童・生徒・乳児，妊産婦，ホームレス，外国人など社会的，経済的弱者への寄り添いや語り，ヒアリングなどによって潜在的なニーズを掘り起こすことも重要である。その意味で，見守りやタウンミーティング（対話集会）など“待ちの姿勢”から“攻めの姿勢”，すなわち，アウトリーチやアセスメント，モニタリングなどのソーシャルワークの理論と技術を駆使し，支援することが必要である。もとより，利用者が潜在的に有するエンパワメント（権利・自信・力量付与）を活かすことも重要である。

3）開発方法

最後に，このような資源の開発方法だが，誰でも住み慣れた地域で生命や財産，安全・安心な生活が確保されるよう，政府や自治体はもとより，民間の営利・非営利サービスの企業・事業所や社協・NPO 法人・ボランティアなど国や地域をあげ，必要な福祉制度・政策を開発する必要がある。このため，国民・住民一人ひとりが政治や経済・社会・教育・文化などに関心を持ち，持続可能な国および地域づくりを模索すべきである。

具体的には，要支援・要介護高齢者や障害者，児童・生徒，乳幼児，妊産婦，ホームレス，外国人など社会的・経済的弱者に寄り添い，自立支援するようソーシャルワーカーはもとより，政治家も公務員もサラリーマンも自営・自由業者など職業や身分を問わず，競争社会から共生社会への転換を図るべきである。

（4）福祉政策の政策評価

また，福祉政策の政策評価にあっては，PDCA サイクルにより当初の「Vision」に基づいて策定・実施した基本計画や実施計画が予定どおり，国民・住民の福祉ニーズを充足し，福祉国家，あるいは福祉コミュニティとしてソーシャルインクルージョン（社会的包摂）を果たし，「小さな政府」から「大きな政府」，および福祉社会から市民福祉社会，さらには福祉国家へと昇華したか評価すべく「Plan」「Do」の結果を「Check」し，積み残した制度・政策および事業・活動があれば「Action」によって当該部分を改定し，再度，「Plan」「Do」「Check」を繰り返し，当初の「Vision」へと結実すべく繰り返すことになる。

図表6－3　真のPDCAサイクル理論と役割

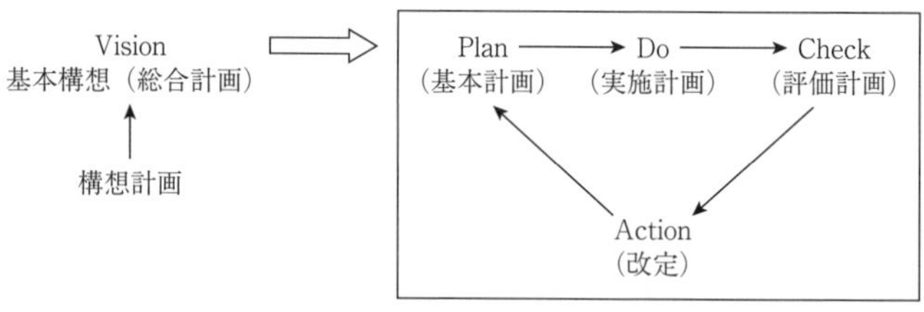

出典：筆者作成。

ただし，その途中で，たとえば今般のコロナショックや大規模災害，テロ（テロリズム）など国家，あるいは地域にとって緊急事態が発生した際は，当初の「Vision」全体の見直しもあり得ることはいうまでもない（図表6－3）。

（5）行政評価

なお，行政評価にあってはこれら一連のPDCAサイクルに基づく福祉計画の策定，必要な制度や政策および事業・活動に対し，政府の立法や法改正，大綱，指針，予算，あるいは自治体の条例や基本構想（総合計画）との整合性を図り，国家，あるいは地域の持続可能性に関わる際，これらの全体を総点検すべく見直すことになる。また，これらの経緯や結果について，政府および自治体の広報紙やウェブサイト，新聞，テレビ，ラジオなどのメディアを通じて国民・住民に周知徹底を図るほか，各種福祉情報公開システムや福祉サービス第三者評価事業および社協との連携による日常生活自立支援事業（福祉サービス利用援助事業），成年後見制度なども活用し，利用者支援すべきである。

いずれにしても，このようなPDCAサイクルによる福祉政策の過程にあっては，ややもすると政府の立法や法改正，大綱，指針，予算をおもんばかるあまり，自治体にあってはこれらを忖度（そんたく）した条例の制定や基本構想（総合計画）を策定，住民の福祉ニーズの充足は二の次，三の次でよしとする福祉政策の過程であれば社会福祉の普遍化とはならない。すなわち，本来の「大きな政府」を目指すべく，社会福祉の普遍化を図り，社会福祉こそ社会保障の上位概念と捉える視点に立てず，政府および自治体の考え方を無批判に受け入れ，PDCA サイクルに基づく福祉政策は国民・住民本来の福祉ニーズは充足できない。そこに，国家や地域の「Vision」，すなわち，グランドデザイン（将来像）について国民・住民が十分議論し，合意形成を図った上での福祉計画の策定の意義がある。なぜなら，そうでなければ旧態依然として官尊民卑，役人天国，上級公務員などと揶揄（やゆ）され，国民のお任せ民主主義に伴う集権国家は変わらず，政治不信が続くからである。

その意味で，国民・住民の福祉ニーズを基礎的ニーズから付加的ニーズへ，また，提供主体を政府から都道府県，さらに市町村へと移し，ローカルミニマム（都道府県最低生活保障）からローカルオプティマム（都道府県最低生活保障），もしくはローカルマキシマム（都道府県最低生活保障），あるいはコミュニティミニマム（市町村最低生活保障）からコミュニティオプティマム（市町村最低生活保障），さらにはコミュニティマキシマム（市町村最低生活保障）へと昇華，集権国家から分権国家へと転換し，スウェーデンやデンマーク，フィンランドなど北欧諸国の社会民主主義国の「大きな政府」を目指すべきである。

（6）福祉政策と福祉計画

最後に福祉政策と福祉計画だが，基本的には政府および自治体の公共部門によるべきで，戦後の経済復興以後の経済計画，およびその後の社会計画から発展した各種の社会福祉計画，そして，地域福祉計画という流れの中，重要なカギを握っているのは国民・住民の策定および実施への参加・参画である。このため，前述したようなさまざまなソーシャルワークを活用し，国民・住民が住み慣れた地域でいつまでも生命や財産，安全・安心な生活が確保されるよう，社会福祉の普遍化を図ることが重要である。

具体的には，「高齢者保健福祉推進十か年戦略（ゴールドプラン）」などの福祉３プランは国の社会福祉計画であるのに対し，2000年に改称・改正された社会福祉法に基づく市町村の介護保険事業計画，老人福祉計画，障害者（障害）計画，次世代育成支援行動計画および地域福祉計画，さらには市町村社協の地域福祉活動計画は福祉計画における住民参加に基づく公私協働としての制度・政策および事業・活動に尽きる。とりわけ，市町村にあってはこれらの各種計画は福祉計画として地域の特性や住民の福祉ニーズなどを踏まえ，住民自治，さらには他地域に在住するものの，当該地域に在勤・在学し，利用者など住民とともにボランティア市民活動に関わる市民も加えた市民自治・主権に基づく公私協働により，中央集権から地方分権へと推進すべく中長期的な福祉計画として策定し，推進することが必要である。

いずれにしても，計画は本来，何らかの理由によって掲げた目標を達成すべく，あらかじめそのための周辺の問題状況を調査・分析し，かつ明らかになった課題の解決策を合理的，効率的に講ずべく，策定する手段・方法である。なぜなら福祉計画，とりわけ，各種福祉計画をオーソライズすべき地域福祉計画は当該地域の住民の福祉ニーズなど生活全般に関わる課題の解決のため，住民・市民が自主的，自発的に福祉課題として提起し，住み慣れた地域でいつまでも生命，財産，さらに安全・安心な生活の確保のための解決策を合理的，効率的に策定し，その実施を通じた問題の解決のため，地域福祉活動として取り組むコミュニティソーシャルワークだからである。その意味で，地域福祉計画は住民・市民自治・主権に基づく公私協働による制度・政策および事業・活動によって福祉コミュニティを構築し，かつ市民福祉社会へと普遍化し，都道府県，さらには政府へとボトムアップされるべき手段・方法である。

この一連の過程がソーシャルアドミニストレーションだが，福祉計画はそれだけにとどまらず，実は，その大前提としてのソーシャルアクションが伴わなければ，旧態依然として集権国家としてのトップダウンによる“官製”，すなわち国家統治の福祉計画に終わってしまうだけである。それだけに，福祉計画は分権国家を目指すべくボトムアップによる“民”，すなわち住民・市民自治・主権に基づく公私協働によって福祉計画を策定し，実施して福祉コミニュティを構築するとともに市民福祉社会，さらには福祉国家へと止揚することが必要である。そこに，従来のソーシャルガバメントからソーシャルガバナンスへと転換し，福祉政策を実体化するという意義がある。

いずれにしても，2065年の本格的な少子高齢社会および人口減少，さらには今般のコロナショックもあって政府，自治体とも厳しい財政事情にあるとはいえ，政府はもとより自治体も財政再建を断行し，国民・住民の福祉ニーズの多様化，高度化，複雑化に対し，真の最広義としての社会福祉の重要性を再認識するとともに福祉政策のあり方を再考し，その構成要素およびその役割・機能を再認識したい。

注

⑴　政府が概念化している“第１のセーフティネット”は雇用保険，“第２のセーフティネット”は生活困窮者支援制度，そして，“第３のセーフティネット”は公的扶助，すなわち，生活保護とし，「適正化政策」の名の下，生活保護の申請を門前払いしている。このため，一部で弁護士の同席による相談，申請の光景がみられる。

参考文献

川村匡由『社会福祉普遍化への視座――平和と人権を基軸にした人間科学の構築』ミネルヴァ書房，2004年。

川村匡由『地域福祉とソーシャルガバナンス――新しい地域福祉計画論』中央法規出版，2004年。

川村匡由編著『現代社会と福祉』電気書院，2018年。

川村匡由・島津淳・佐橋克彦編著『福祉行財政と福祉計画 第２版』久美出版，2011年。

川村匡由編著『改訂 社会保障』建帛社，2020年。

国民・住民・市民は今

日本国憲法の三大原則の中で掲げられている国民主権，すなわち，戦後，約75年経った今，戦前の大日本帝国憲法の下での天皇主権でもなければ官僚主権，ましてや国家議員主権でもない。にもかかわらず，いまだに「お上意識」が抜けきれない中，国民の生存権および国の社会保障的義務，さらには地方自治の本旨に基づき福祉政策を推進していくためにも，その主体であり利用者としての客体という意味でも国民は政治に参加・参画したい。そして，その財源である消費税など，税金や社会保険料が，所得の再分配を通じ社会福祉に係る福祉制度・政策の整備・拡充により多く充てられるよう，ソーシャルワーカーらとともに連帯して行動する。それがソーシャルアクションである。

第7章　福祉政策の動向と課題

学びのポイント

本章では，福祉政策と包括的支援，すなわち，社会福祉法から地域ケアシステム・地域共生社会および多文化共生・SDGs などについて学ぶ。このため，住み慣れた地域における地域福祉，多文化の理解およびその持続可能性を追求すべく，ローカリゼーションおよびグローバリゼーションの目で介護保険制度や地域福祉，国際社会福祉の視点に立って学ぶことが必要である。

1　福祉政策と包括的支援

（1）福祉政策の動向

1）社会福祉基礎構造改革と社会福祉法

本格的な社会福祉は，1951年の社会福祉事業法の制定によって措置制度として着手されたが，それはあくまでも制度・政策からみたもので，事業・活動としてみれば有史以来，人々の自助や互助によって農林水産業や冠婚葬祭などを中心に取り組まれてきた。その代表的な例が結（ゆ）いや頼母子（たのもうし）講や隣組などである。また第二次世界大戦後，戦災復興に関連し，国民生活の改善に関わる衣食住からなる「生活三要素」を中心に企業・事業所における福利厚生，さらに第三者の寄附や支援物資の供給などが共助[(1)]として推進されてきた。

具体的には，高齢者や障害者，児童，生活困窮者，貧困者などを対象とする政策は政府の公的責任としての公助，すなわち，児童福祉法，身体障害者福祉法，生活保護法からなる福祉三法およびその後の老人福祉法，精神薄弱者福祉法（現・知的障害者福祉法），老人福祉法，母子福祉法（現・母子及び父子並びに寡婦福祉法），そして社会福祉事業法に基づき自治体などが行政処分，また，その所管の社会福祉法人による施設福祉を中心とした措置制度によって推進されてきた。

やがて，高度経済成長を迎えて「生活三要素」が充足するとともに施設福祉が整備されたが，その後の少子高齢化に伴い，年金給付などに代表される金銭給付はもとより，医療・介護・子育てなどの現物給付が増加する等，福祉サービスの多様化に伴い，従来の施設福祉中心から在宅福祉の整備・拡充や利用者の応益負担から応能負担への転換が必要となった。

そこで，政府は2000年，社会福祉事業法を社会福祉法に改正・改称するなど，社会福祉八法を全面的に改正するとともに国から地方へ権限を移譲した。また，介護保険法や民法改正による成年後見制度など利用者の苦情処理，権利擁護，サ―ビスの情報公開などに務めることになった。さらに，在宅福祉はホームヘルプサービス（訪問介護）やデイサービス（通所介護），ショートステイ（短期入所生活介護），有料老人ホーム（特定施設入居者生活介護），グループホーム（認知症対応型共同生活介護），幼保（幼稚園・保育所）一元化，地域福祉の推進のため，市町村社会福祉協議会（社協），住民のボランティア活動，さらにNPO法人や企業・事業所などの福祉分野への参入などによる地域福祉や民活導入などの推進を図ることになった。

2）社会福祉法の注目すべきポイント

社会福祉法の注目すべきポイントは，次の3つである。

まず第1は個人の自立と福祉ニーズ充足のため，利用者の人権の尊重や質の高い福祉サービスの拡充，高齢者はもとより，障害者や児童，母子・父子・寡婦家庭，シングルマザー，ヤングケアラー，LGBT（性的少数者），ホームレス（路上生活者），外国人などすべての利用者の地域での生命や財産，安全・安心な生活の確保のための地域福祉の充実である。

第2は，そのための利用者の立場に立った社会福祉制度・政策の構築や福祉サービスの質の向上，社会福祉事業の充実と活性化，地域福祉の推進，利用者の権利擁護などである。

第3は，福祉サービスへの苦情対応や権利擁護，福祉サービスの誇大広告の禁止などで，これらの制度・政策および事業・活動によりすべての団塊世代が75歳以上の後期高齢者となる2025年，さらには本格的な少子高齢社会および人口減少が訪れると推計されている2065年に向け，一層の整備・拡充を図ることになった。

中でも重要なことは都道府県による地域福祉支援計画を踏まえた市町村[(2)]による地域福祉計画，および市町村社協の地域福祉活動計画による上述した各種地域福祉の拡充である。ちなみに，2022年1月現在，ほとんどの市町村および市町村社協で策定，その具体化を図っている。また，市町村社協の中には戦後間もない頃より全国社会福祉協議会（全社協）の指導の下，市町村社協が「住民主体の原則」（その後，「住民活動主体の原則」）による住民参加に基づき，公私協働によって地域福祉計画（現・地域福祉活動計画）を立てている所もある。

さらに，市町村でも住民自治[(3)]に基づく公私協働によって地域福祉計画を策定し，市町村社協の地域福祉活動計画との一体化によって地域福祉を先導しているところが増えている。

3）社会福祉法と社会福祉事業

ところで，社会福祉法人による社会福祉事業は第一種社会福祉事業と第二種社会福祉事業に大別される。このうち，第一種社会福祉事業は経営主体が行政または社会福祉法人が原則で，開設の届け出は所管する都道府県知事などへの届け出が必要である。事業内容は特別養護老人ホーム（介護老人福祉施設）や養護老人ホーム，保護施設などの入所施設などである。これに対し，第二種社会福祉事業は経営主体に制限がないが，開設の届け出は所管する都道府県知事などへの届け出が必要である。事業内容は主としてホームヘルプサービス（訪問介護）やデイサービス（通所介護）などの在宅（居宅）サービ

図表7－1　社会福祉事業の種類

	第一種	第二種
経営主体	行政，社会福祉法人が原則	制限なし
届け出	都道府県知事，その他の場合，同知事などへの届け出が必要	都道府県知事，その他の場合，同知事などへの届け出が必要
事業内容	特別養護老人ホーム（介護老人福祉施設）・養護老人ホーム・保護施設など入所施設	主として在宅サービス

出典：厚生労働省「社会福祉事業の種類」（厚生労働省 HP，2022年1月11日アクセス）を基に筆者作成。

スに限られる（図表7－1）。

なお，この社会福祉法人のあり方について，2016年，社会福祉法の改正により制度全体の改革が行われ，経営組織のガバナンス(4)の強化や議決機関としての評議員会の必置，一定規模以上の法人への会計監査人制度の導入，事業運営の透明性の向上，財務諸表や現況報告書，役員報酬基準の公表に係る規定の整備，財務規律の強化，内部留保の明確化，社会福祉充実残額の社会福祉事業への計画的な再投資，役員など関係者への特別の利益供与の禁止，事業に活用する土地・建物などの建て替えや修繕に要する資金，必要な運転資金，基本金および国庫補助等特別積立金，社会福祉の充実のための残額を保有する法人に対する社会福祉事業，および公益事業の新規実施・拡充に関わる計画の作成の義務づけが図られた。

また，地域における公益的な取り組みを実施する責務や社会福祉事業，および公益事業を行うにあたり，無料，または低額な料金で福祉サービスを提供することを責務として規定したほか，自治体の関与のあり方，さらには福祉人材の確保の促進に向けた取り組みの拡大，社会福祉施設職員等退職手当共済制度の見直し，社会貢献など法人のあり方が見直され，現在に至っている。

（２）地域包括ケアシステムと地域共生社会

１）地域包括ケアシステムと地域共生社会の定義

このような中，厚生労働省はすべての団塊世代が75歳以上の後期高齢者となる2025年を目途に，誰でも住み慣れた地域でいつまでも生命や財産，安全・安心な生活を確保し，人生100年をまっとうできるよう住まいや医療，介護，予防，生活支援が一体的に提供されるべく，自治体が地域包括ケアシステムの構築を目指すことになった。

具体的には，本人の居宅を基本に老人クラブや町内会・自治会，ボランティア，NPO 法人などに参加，いつまでも健康で元気に暮らす。また，クリニック（診療所）や病院に主治医（かかりつけ医）を持ち，介護保険制度に基づき区市町村の中学校通学区域（中学校区）を日常生活圏域として設置されている地域包括支援センターを中心に病気になったら通院や入院，リハビリテーション（機能回復訓練）に努める。このほか，介護予防や訪問介護や通所介護，訪問看護，短期入所生活介護，24時間対応の訪問介護などの在宅（居宅）サービス，または介護老人福祉施設や介護老人保健施設，認知症対応型共同生活介護，特定施設入居者生活介護などの施設サービスを受ける（図表７－２）。

２）社会福祉法改正と地域共生社会の実現

そこで，同省は2016年に社会福祉法を改正して地域共生社会の実現を掲げ，翌年に「我が事・丸ごと」地域共生社会実現本部を設置した。そして，2000年４月より３年に１度，市町村が策定・実施している介護保険事業計画を通じ，それぞれの地域の特性に応じた地域包括ケアシステムの構築を目指すことになった。

具体的には，市町村が主体となって中学校区を日常生活圏域として捉え，地域の実態を把握するとともに，地域包括支援センターなどで高齢者の福祉ニーズや在宅サービス，施設サービスなど社会資源を把握する地域ケア会議を開催する。そして，高齢者の福祉ニーズや一般住民および地域，支援者，

図表 7－2　地域包括ケアシステムの内容

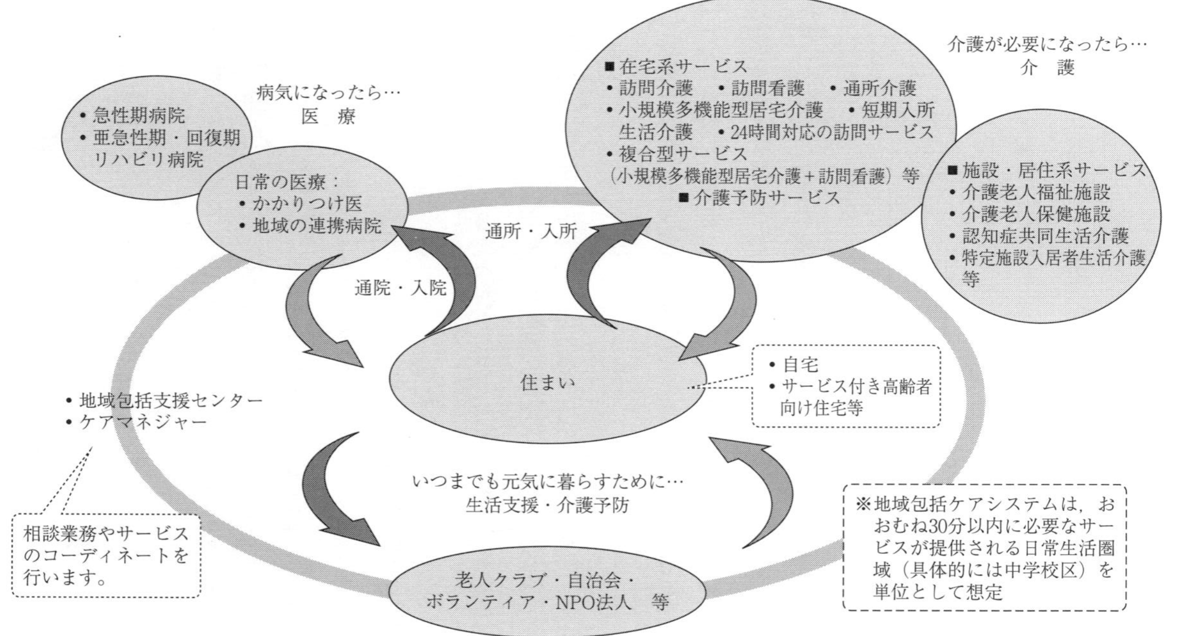

出典：厚生労働省「地域包括ケアシステム」（厚生労働省 HP，2022年１月11日アクセス），一部改変。

社会資源，リーダー，住民の互助などの課題を提起し，介護保険事業計画の改定や地域ケア会議などとの連携の下，住まいや医療，介護，予防，生活支援が一体的に提供されるべく市町村が地域包括ケアシステムの構築を目指す。

言い換えれば，地域共生社会の実現とは，近年の社会構造や人々の暮らしの変化を踏まえ，社会保障および社会福祉の制度・政策がややもすれば“縦割り”になっている点を改革するための取り組みであるといえる。福祉サービスの支え手と受け手との関係を超え，地域の住民や多様な社会資源が協働し，誰もが住み慣れた地域で生涯を安全・安心な生活を送っていくことができる社会をつくっていく事業・活動でもあるともいえる（図表７-３）。

（３）福祉政策の課題

１）人材の養成・確保

しかし，「言うは易く　行うは難し」で，このような地域包括ケアシステムを構築し，地域共生社会を実現するには「ヒト・モノ・カネ」をどのように保障し，解決していくかという課題がある。

そこで，まず「ヒト」だが，具体的には，訪問介護員（ホームヘルパー）や介護福祉士，社会福祉士，精神保健福祉士，介護支援専門員（ケアマネジャー），医師，看護師，保健師，理学療養士，作業療法士，言語聴覚士，弁護士，司法書士，行政書士，民生委員・児童委員，保護司などの専門職だけでなく，市町村社協職員はもとより，老人クラブや町内会・自治会，民生委員・児童委員協議会（民児協），保護司会，ボランティア，NPO 法人，さらには企業・事業所などの関係者も参加することが重要である。もっとも，だからといって，これらの専門職や職員，住民有志，NPO 法人，企業・事業所などの関係者が一体化することは，それぞれの活動の目的に違いもあるため容易ではない。このため，地域福祉計画や地域福祉活動計画の策定や改定の際，住民を対象にした実態調査やアンケート調査，懇談会，ワークショップ，あるいは各種資格試験や研修などを行って必要なマンパワー（人材）を

図表 7-3　市町村における地域包括ケアシステム構築のプロセス

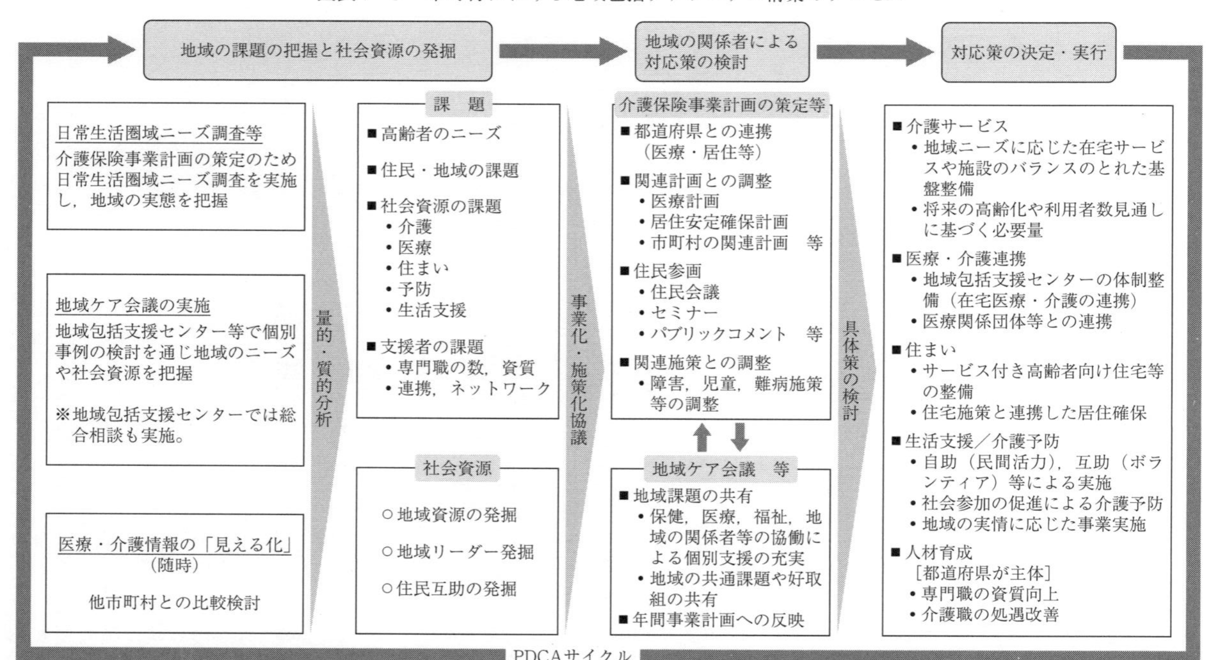

出典：厚生労働省「市町村における地域包括ケアシステム構築のプロセス」（厚生労働省 HP，2022年 1 月11日アクセス）。

養成・確保することが必要である。

２）施設および活動拠点の整備

次の「モノ」では施設および活動拠点の整備である。

具体的には，その中心となる地域包括支援センターを中学校通学区域（中学校区）に必ず１カ所は設置するほか，よりきめ細かく小学校通学区域（小学校区）で小地域福祉活動を展開するため，特別養護老人ホーム（介護老人福祉施設）や養護老人ホーム，保護施設などの入所施設，ホームヘルプサービス（訪問介護）やデイサービス（通所介護）などの在宅（居宅）サービスに従事する社会福祉法人の社会福祉事業，介護老人福祉施設や介護老人保健施設，認知症対応型共同生活介護，特定施設入居者生活介護などの施設，さらには公民館や地区会館，コミュニティセンター（コミセン），地域カフェ（居場所）などを整備・拡充する必要がある。

とりわけ，地域カフェ（居場所）の確保にあっては空き家や古民家，貸し店舗，喫茶店，自宅の離れなど住民みずから調達したり，貸し借りに努めたり，市町村の出先機関や病院，企業・事業所の土日・祝日，また，夜間の貸し出しなどを通じ，小地域福祉活動の活動拠点を整備・拡充することが必要である。

３）活動資金の確保

最後の「カネ」では活動資金の確保である。

具体的には，政府や自治体，社協からの補助金や助成金のほか，会費やチャリティーバザーによる収益金や不特定多数からの寄附金，事業公開によるクラウドファンド（不特定多数からの資金提供）などだが，基本には政府や自治体，社協からの補助金や助成金である。

この点，政府は「地方分権化」を口実に国の役割を軽減し，その分を自治体や国民・住民に転嫁する一方，民活導入を加速化，福祉サービスの利用を応益負担から応能負担へとシフトさせ，地域共生社会の実現や地域福祉の推進を提起しているが，“３割自治”と表現される現状にある市町村にとって厳しい。また，住民にとって基礎自治体である市町村は明治，昭和，そして，今回の平成の合併によって明治期，約１万6,000あったものの，2021年現在，約1,700に縮減され，東京や大阪，名古屋など大都市への「ヒト・モノ・カネ」が集中する一方，地方は一部で限界集落や限界自治体化しているなど活動資金の確保はきわめて困難である。

したがって，政府は「社会福祉基礎構造改革」をはじめ，「地方創生」や「一億総活躍社会の実現」「新しい資本主義」「成長と分配」などの掛け声だけに終わらず名実ともに地方分権化し，民主政治の推進に努めるべきである。同時に，国民・住民も国民主権，基本的人権の尊重，平和主義を三大原則とする日本国憲法および地方自治法を踏まえたアイデンティティを自覚し，行政にお任せでなく，地域の実情を踏まえた創意工夫による「ヒト・モノ・カネ」の確保にも努め，誰でも住み慣れた地域で人生100年を安全・安心な生活を確保できるよう，地域包括ケアシステムの構築による地域共生社会の実現，すなわち，地域福祉の推進のため，地域をあげて努力したいものである。

2　多文化共生とSDGs（持続可能な開発目標）

（1）多文化共生のための施策

日本における外国人の数は増加を続けており，2018年末の在留外国人数は263万7,251人と過去最高で，総人口に占める割合も2.08％となった（図表7-4）。なお，出入国在留管理庁が発表している在留外国人数は2020年末で288万7,116人となり，さらに増加している。

総務省は2006年３月，「地域における多文化共生推進プラン」を策定し，「国籍や民族などの異なる人々が，互いの文化的ちがいを認め合い，対等な関係を築こうとしながら，地域社会の構成員として共に生きていくような，多文化共生の地域づくりを推し進める必要性が増している[(5)]」と述べている。日本に生活する外国人労働者やその家族，子どもたちへは行政機関をはじめ，

図表7-4　在日外国人数の推移と総人口に占める割合の推移

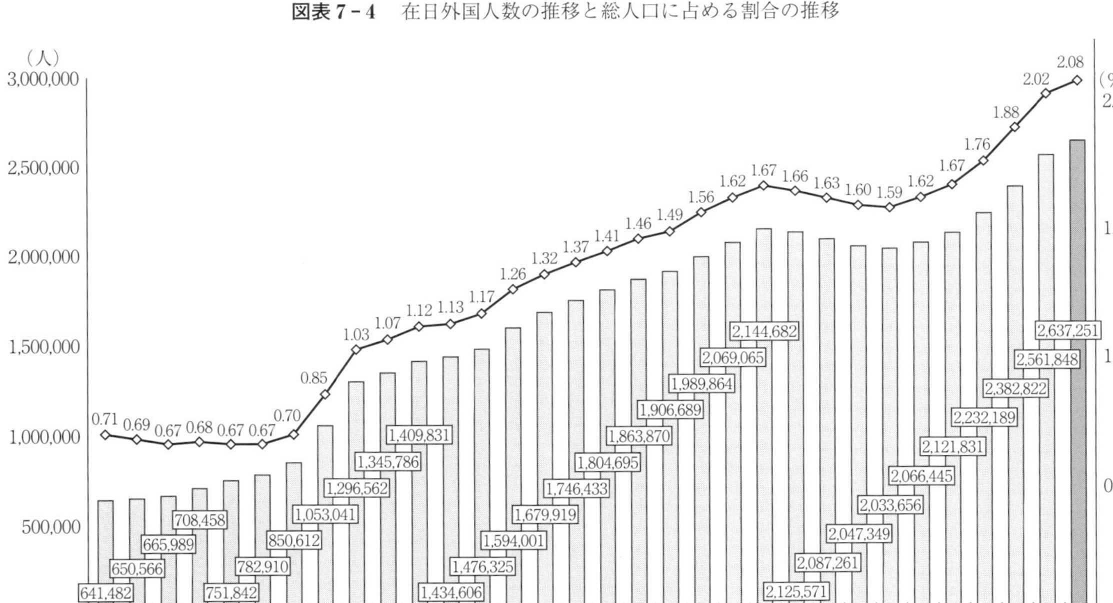

注：(1) 在留外国人数は各年12月末現在（法務省在留外国人統計）。「我が国の総人口に占める割合」は，総務省統計局「国勢調査」及び「人口推計」による各年10月1日現在の人口を基に算出。

(2) 1985年までは外国人登録者数，1990年から2011年までは，外国人登録者数のうち「中長期在留者」に該当し得る在留資格をもって在留する者及び「特別永住者」の数。2012年以降は，中長期在留者に特別永住者を加えた在留外国人の数。

(3) 2018年は速報値（「在留外国人数」は，6月末現在の数値を使用。「我が国の総人口に占める割合」は7月1日現在の数値を使用。）

出典：総務省「資料2　地域における多文化共生の現状等について」（多文化共生の推進に関する研究会〔平成30年10月23日〕）1頁。

翻訳・通訳などの支援や医療・福祉，NPO 法人等による支援など，地域を包括した仕組みづくりが行われつつある。

在留外国人の国籍をみると，韓国・朝鮮，中国，ブラジル，フィリピンで全体の４分の３を占めていた約10年前と比較し，現在はベトナム，ネパール，タイ，インドネシアなどが一定の割合を占めるなど，多国籍化が進んでいる。これらは2016年11月に成立した「外国人の技能実習の適正な実施及び技能実習生の保護に関する法律」により従来の技能実習制度が拡大されたこと，また，2008年に提示された「留学生30万人計画」及び2014年からの「スーパーグローバル大学創生支援事業」によって留学生の受け入れが進んでいることも影響している。

このような状況を考えると，在留外国人が生活者として日本社会の重要な構成員になってきており，国も外国人住民の制度的な位置づけを転換している。具体的には，2012年７月から従来の外国人登録制度を廃止し，住民基本台帳制度への適用とすることになり，外国人住民へ市町村が行政サービスを提供する基盤がつくられた。また，2016年６月に閣議決定された「日本再興戦略2016」では，「外国人受け入れ推進のための生活環境整備[(6)]」が掲げられ，外国人児童生徒への日本語指導や，医療機関における外国人患者の受け入れ体制の整備に関する数値目標が明示された。

もとより，これまでにも歴史的に外国人が多く暮らす地域や，1990年以降ブラジルなど南米系の日系人が増加した地域において，自治体や地域の国際交流協会などが独自に外国人住民を対象とした政策に取り組んできた。また2001年，静岡県浜松市が中心となって「外国人集住都市会議」が設立されている。さらに愛知県が中心となり，2004年に同県下の１市７県の構成メンバーで「多文化共生推進会議」が設置されたほか，2005年には神奈川県川崎市は「川崎市多文化共生社会推進指針」を策定している。

近年，頻発（ひんぱつ）する大規模自然災害によって多くの住民が被災する状況に鑑み，災害時に外国人へ適切な情報が提供できるよう，「災害時外国人支援情報コーディネーター制度」が必要という報告書が2018年３月にまとめられている。また，2019年４月に総務省から「多文化共生アドバイザー制度」が創設された旨の通知も出されている。ここには日本政府が多文化共生の取り組みに関する先進的な知見やノウハウを有する団体の担当部署，職員のデータベース（多文化共生アドバイザー名簿）を作成し，多文化共生施策に取り組もうとしている自治体への助言やサポートができるよう，明らかにしている。

（２）SDGs（持続可能な開発目標）

国連が掲げている「持続可能な開発のための2030アジェンダ」（SDGs；Sustainable Development Goals）は2000年，国連のサミットで採択された MDGs」（ミレニアム開発目標；Millennium Development Goals）が2015年，その達成期限を迎えたことを受け，これに代わる新たな世界の目標を定めたもので，17の目標，169のターゲット，232の指標が示されている。

具体的には，先進国および新興国による途上国の支援を中心とする内容で，乳幼児死亡率の削減など途上国が抱える問題への解決策を示しているが，途上国からは国や地域の偏りなどの見落としが指摘されている。また，新たに策定されたSDGsには「誰ひとり取り残さない（leave no one behind）」ことを目指し，先進国および新興国と途上国が一丸となって達成すべき目標が掲げられている。

しかし，2018年７月にベルテルスマン財団と持続可能な開発ソリューション・ネットワーク（SDSN）から発表された「SDGs達成ランキング」で，日本は156カ国中，第15位であった。ちなみに，上位５カ国はスウェーデン，デンマーク，フィンランド，ドイツ，フランスである。ところが，日本は17の目標のうち，「達成されている」と評価されたのは「目標４：質の高い教育をみんなに」だけで，その他の16目標は未達成となっている。

たとえば，SDGs17の８は「持続可能で，包摂的で持続可能な経済成長，共有された繁栄及び働きがいのある人間らしい仕事の推進」である。具体的

図表7-5　SDGs　17の目標

出典：外務省「Japan Action Platform」2020年。

には「2030年までに，若者や障害者を含むすべての男性及び女性の完全かつ生産的な雇用，及び働きがいのある人間らしい仕事，ならびに同一労働同一賃金を達成する」というターゲットが掲げられている（図表7-5）。

このような中，日本では2018年に成立した「働き方改革を推進するための関係法律の整備に関する法律」（働き方改革一括法）により，2020年4月から「同一労働同一賃金」制度が施行され，同年度は大企業のみ，中小企業は2021年から法律が適用されることになったが，「同一労働同一賃金」は正規・非正規労働者間の待遇の格差是正のみならず，外国人労働者にも適用されるため，これまで問題視されていた外国人技能実習生[(7)]の待遇についても見直されることになった。

また，現在の日本における貧困の解消や格差の是正といった課題の解決のためには，働く人たちと企業・事業所，地域住民と行政など多様な主体が協働し，目標達成のために努力をしていかなければ，この国際社会に共通した目標の多くは達成できない。国際水準に照らしてみると，日本において多文化共生社会が実質的に実現されるためには，より包括的かつ具体的な施策が重要であるため，あらゆる人への人権侵害が生じない制度の設計が不可欠である。

注

⑴　政府は伝統的な住民による互助を「共助」としているが，川村匡由によれば上杉鷹山の「三助論」に基づき共助は第三者の支援などと区別すべきとの意見もある（川村匡由『地域福祉源流の真実と防災福祉コミュニティ』大学教育出版，2016年）。

⑵　東京特別区の23区も含む（以下，同）。

⑶　地方自治法に基づく地方自治は自治体による団体自治と住民による住民自治に大別されるが，日本国憲法の三大原則の一つ，国民主権の関係では住民自治がより基本である。

⑷　コーポレートガバナンス（企業統治）にちなみ統治とされやすいが，ここでは理事・評議委員会など法人全体の協治と解したい。

⑸　総務省「多文化共生事例集——多文化共生推進プランから10年　共に拓く地域の未来」2017年，３頁。

⑹　首相官邸 HP「日本再興戦略2016——第４次産業革命に向けて」2016年，14頁（2020年５月22日アクセス）。

⑺　公益財団法人 国際人材協力機構 HP（2020年５月22日アクセス）には，「技能実習制度は，『出入国管理及び難民認定法』（昭和26年政令第319号。以下「入管法」という。）とその省令を根拠法令として実施されてきました」「2016年11月28日，外国人の技能実習の適正な実施及び技能実習生の保護に関する法律（技能実習法）が公布され，2017年11月１日に施行されました」「技能実習法に基づく新たな外国人技能実習制度では，技能実習の適正な実施や技能実習生の保護の観点から，監理団体の許可制や技能実習計画の認定制等が新たに導入された一方，優良な監理団体・実習実施者に対しては実習期間の延長や受入れ人数枠の拡大などの制度の拡充も図られています」と説明されている。しかし，これまでに実際の技能実習現場では，過酷な労働と低い賃金などに耐えられなかった実習生が失踪するケースも少なくなく，国際的な批判が高まっていた。

参考文献

・第１節

川村匡由『地域福祉とソーシャルガバナンス――新しい地域福祉計画論』中央法規出版，2007年。

川村匡由編著『入門 地域福祉と包括的支援体制』ミネルヴァ書房，2021年。

川村匡由編著・島津淳ほか『改訂 社会保障』建帛社，2020年。

川村匡由編著『国際社会福祉論』ミネルヴァ書房，2004年。

社会福祉法令研究会編『社会福祉法の解説』中央法規出版，2001年。

・第２節

川村匡由・島津淳・木下武徳・小嶋章吾編著『社会保障 第４版』久美出版，2016年。

川村匡由編著『現代社会と福祉』電気書院，2018年。

利用者は今

戦後約75年経った今，日本は少子高齢化および人口減少が年々進んでおり，2065年には本格的な少子高齢社会および人口減少を迎えるが，福祉教育は義務教育や高等教育においてほとんど行われていない。また，このような学校教育だけでなく，家庭教育や社会教育，企業教育においてもきわめて不十分である。しかし，社会福祉の利用者は高齢者や障害者，児童など社会的・経済的弱者だけでなく，健常者もいるため，その問題の解決に取り組むべきである。その意味で，福祉先進国の北欧諸国に追い着き・追い越せの精神で国や地域を挙げて互いに学びたい。

第8章　福祉政策と関連政策

学びのポイント

福祉政策は，労働・雇用問題から保健医療，教育，住宅政策と幅が広い。そのすべてが私たちの「暮らし・生活」と直に結びついている。そこで，まず最新の福祉政策と具体的な施策を整理する。次に行政・企業の実態や医療・福祉・教育の現場，地域・家族の課題を確認する。また，関連施策では法律，行政，経済，経営，情報という総合的かつ多角的な視点から，どのように課題解決を目指しているのかを学びたい。

1　保健医療政策

医療法第1条の2では，「医療は，生命の尊重と個人の尊厳の保持を旨とし…（中略）…その内容は，単に治療のみならず，疾病の予防のための措置及びリハビリテーションを含む良質かつ適切なものでなければならない」と規定されている。この「個人の尊厳の保持」は，社会福祉法第3条にも「福祉サービスは，個人の尊厳の保持を旨とし……」と規定されている。

2011年6月に「介護サービスの基盤強化のための介護保険法等の一部を改正する法律」が成立，一部を除いて2012年4月から施行された。医療・介護・予防・住まい・生活支援サービスが連携した要介護者などへの包括的な支援を推進するという「地域包括ケアシステム」の考え方に基づいて，介護保険法が改正されたのである。このシステムのサービスの一つとして，中学校通学区域（中学校区）単位での単身・重度の要介護者等にも対応できる「24時間対応の定期巡回・随時対応の訪問介護看護サービス」が新設された。

この報酬単価は，訪問看護師が行うサービスは，すべて訪問看護の報酬単価を適用するという従来の考えを改めた。つまり，訪問看護サービスであっても，介護サービスの報酬単価を基礎に置いた上で，それに医療行為に当たるサービス（病状観察や点滴等）が加えられた場合には，介護報酬に「加算」されるという形で，看護の部分を評価する方式に変更されたのである。地域包括ケアシステムの実現においては保健・医療・福祉の連携が必須であり，かつ訪問看護サービスと介護サービスが混在したまま一体となって提供されるという在宅サービスの現実を直視した上，報酬単価もそれを実現したのである。

地域包括ケアシステムについては，専門職とボランティアなどの人材確保，地域間格差などの課題が指摘されている。このケアシステムを構築できるか否かの鍵は「①その地域の限られた社会資源をどこまで効率的に連携できるか，また，②住民も含めた地域の関係者がどこまで地域ケアの当事者であるとの意識を持てるか，そして，③各市町村が地域の特性を踏まえ，そのような方向に向けての施策を立案し展開できるか[(1)]である。

2020年４月，「医療保険制度の適正かつ効果的な運営を図るための健康保険法等の一部を改正する法律」が施行された。改正の趣旨の一つは「市町村において高齢者の保健事業と介護予防を一体的に実施する枠組みの構築」である。

具体的には，75歳以上の高齢者に対する保健事業を市町村が介護保険の地域支援事業と一体的に実施することができるよう，国，広域連合，市町村の役割などについて定めるとともに，市町村などにおいて，各高齢者の医療・健診・介護情報などを一括して把握できるよう，規定の整備などを行うことである（図表８-１）。市町村が地域一丸となり，保健事業と介護予防を一体的に実施することは，「保健・医療・福祉の連携」そのものである。同時に，市町村は介護保険の保険者としての力量を問われることになった。

宮崎県美郷町は人口5,415人，高齢化率49.9％，後期高齢者被保険者数

図表８－１　高齢者の保健事業と介護予防の一体的な実施――市町村における実施のイメージ図

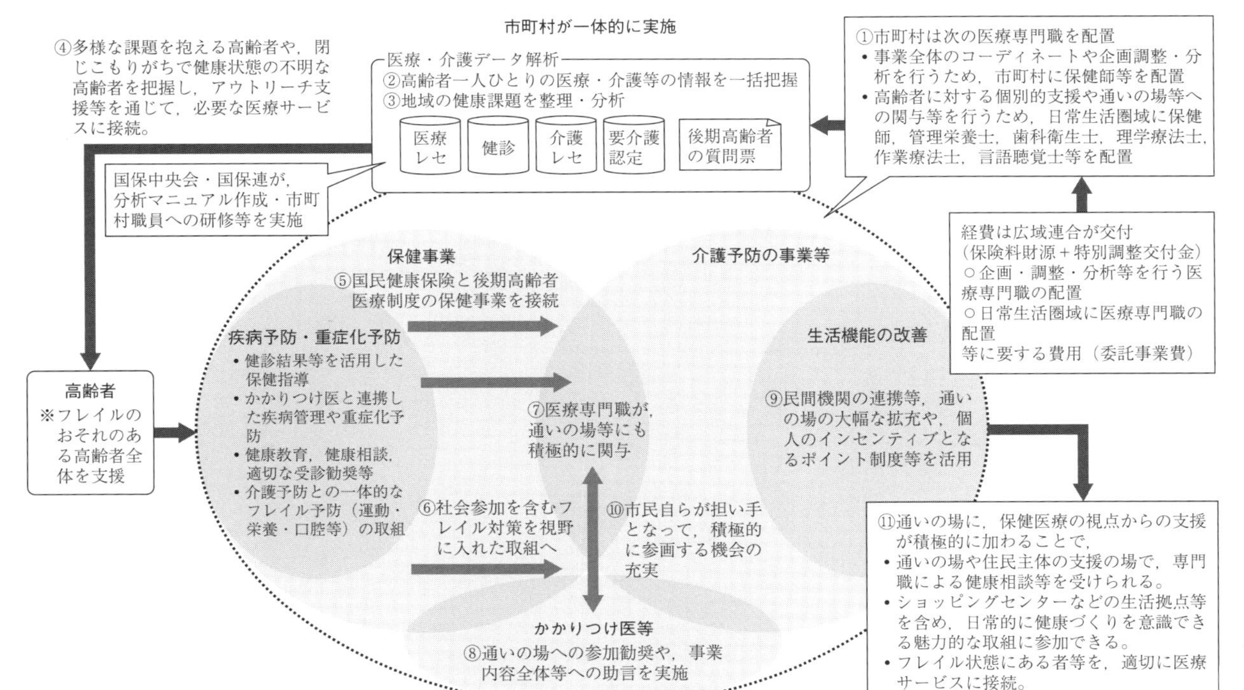

出典：厚生労働省資料を一部改変（厚生労働省 HP〔2021年12月23日アクセス〕）。

1,614人（すべて2019年4月1日時点），1人あたりの医療費6万3,586円，健診受診率40.8％（すべて2018年度）である。そこで，同町はモデル事業を踏まえて①低栄養防止・重症化予防の取り組み，②通いの場（自主グループによる百歳体操）への医療専門職の関与，③健康状態不明者の把握を実施している。②町内各地区における自主グループによるいきいき百歳体操は住民自らの活動でフレイル（虚弱）対策ができるよう，推進されている。社会福祉協議会（社協）職員（健康運動指導士，歯科衛生士），保健師，行政事務をメンバーとする運動部会は，これまでさまざまな企画・運営を実施してきたが，人材の確保（医療専門職）と事業の固定化からの脱却という課題もある。人生100年時代を迎え，都市部のようにジムのない山間部における住民一体型の取り組みは，介護保険とともに医療保険にも徐々にその成果を表していくであろう。

2020年4月17日，新型コロナウイルス感染症にかかる緊急事態宣言を踏まえ，厚生労働省は都道府県と都道府県後期高齢者医療広域連合に対し，この事業における対応についての通知（事務連絡）を行った。その中で高齢者には感染対策に留意しながら，可能な限り情報提供や個別的支援を行うことが望ましいとされ，一例として家庭でできるフレイル予防等を紹介している。外出自粛の中であっても，この事業に熱心に取り組んできた同町の住民はフレイルの進行を予防することができる。

2　教育政策

2017年4月，「地方教育行政の組織及び運営に関する法律」が施行された。同法47条の6に基づくコミュニティ・スクール（学校運営協議会制度）は学校，保護者，地域住民が一緒に知恵を出し合い，学校運営に意見を反映することを通して子どもたちの成長を支えている。学校と地域住民等が力を合わせて「地域とともにある学校」の運営に取り組むことは，地域の課題に協働して向き合う福祉教育の実現も可能となった。

教育現場では，教育と福祉の両面から児童生徒を支援する専門職，スクールソーシャルワーカーの役割も大きい。たとえば，子どもの環境の中で「生活困窮」に焦点を合わせてみると，その背景には保護者の労働環境（非正規雇用，低賃金，ワーキングプア等）や健康状態（病気，メンタルヘルスなど），そして，地域社会（孤立化，無縁化）とも密接に関連している。このため，子どもの貧困問題は子どもだけでなく，保護者の生活や雇用状況まで含めた総合的かつ多角的な対策を講じる必要がある。

スクールソーシャルワーカーは，専門職として児童生徒が学校・家庭・地域で安心して暮らせるよう，ケース会議や連携ケース会議を通し，情報収集・アセスメント・プランニングなどのケースワークのプロセスと関連させながら，福祉制度や社会資源を活用した支援を行っている。2019年度，福岡市教育施策では「全国で初めて教職員定数を活用した常勤のスクールソーシャルワーカーを正規職員として各区に配置」と明記された。教育・心理・福祉の専門スタッフが連携し，児童生徒を取り巻くさまざまな課題に対応するチーム学校体制の充実が期待される。

義務教育の段階からの福祉教育や人権教育，そして，消費者教育はきわめて重要である。少子高齢化，核家族化，過疎化の中での福祉教育のためには，子ども自身が「自分も地域住民の一人である」という意識や自覚が持てる体験型授業やプログラムを検討しなくてはならない。一例として，小学生の福祉教育（総合的な学習：福祉）を他の教科のねらいと結びつけることが考えられる（図表８-２）。小学生と高齢者が共に学び合うことは，教科の学習と体験型授業を含めた内容になる。そして，教科のねらいを超えた地域の歴史や文化，さらにコミュニケーション技術へとその学びの幅を広げることもできる。

今後の福祉教育は，複雑・多様化した現代社会の中での「福祉」の位置づけや専門性，また，福祉専門職（社会福祉士，精神保健福祉士，保育士など）の職域の拡大を意識しなくてはならない。従来の高齢者，障害者，児童という

図表8－2　考えられる学業との連結図（高齢者学習の例）

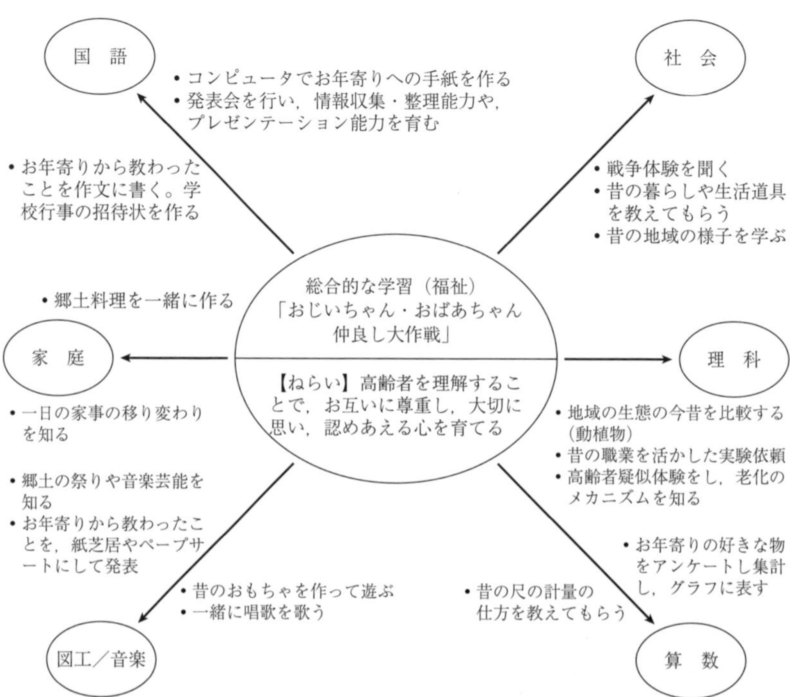

参考：埼玉県社協発行「福祉 de 授業レシピ集」「オハイオから学ぶ『市民が主役になれる本』」
出典：全国社会福祉協議会・全国ボランティア・市民活動支援センター「地域共生社会に向けた福祉教育の展開――サービスラーニングの手法で地域をつくる」2019年，38頁。

専門分野とともに，地域におけるさまざまな生活課題やニーズを多角的な視点で主体的に学ぶことが求められる。地域で起きている現実の問題に直に向き合い，そこで暮らす誰もが尊厳を持って生きられる社会を目指す福祉教育こそが，福祉マインドの育成やボランティア精神へとつながっていくのである。

3　住宅政策

2006年６月，本格的な少子高齢社会，人口・世帯減少社会の到来を目前に控え，現在および将来の国民の「豊かな生活」を実現するため，住生活基本法が制定され，同年９月には住生活基本計画（全国計画）が策定された。「豊かな生活」の実現には国と自治体だけでなく，住宅関連事業所やNPO法人，そして国民の協力が不可欠である。

住生活基本法の理念を踏まえ，2007年，「住宅確保要配慮者に対する賃貸住宅の供給の促進に関する法律」（住宅セーフティネット法）が制定された。同法は翌2017年４月に改正され，新たな住宅セーフティネット制度として実施されている。制度の対象者は低額所得者，被災者（発災後３年以内），高齢者，障害者，子どもを養育している者で，省令において外国人なども定められている。自治体は，供給促進計画を定めることによりホームレス（路上生活者），失業者，新婚世帯などの住宅確保要配慮者を追加することができる。

新たな住宅セーフティネット制度の柱は，①住宅確保要配慮者向け賃貸住宅の登録制度，②登録住宅の改修や入居者への経済的な支援，③住宅確保要配慮者に対する居住支援である。改正法により，入居者への経済的な支援には月額２万円の家賃補助，および１戸あたり３万円の家賃保証料低廉化が導入された。

住宅確保要配慮者に対する居住支援として，都道府県は居住支援活動を行うNPO法人などを賃貸住宅への入居に係る情報提供・相談，見守りなどの生活支援，登録住宅の入居者への家賃債務保証などの業務を行う居住支援法人として指定することが可能となった。ちなみに，2020年２月現在，福岡県には23法人あり，その種類は株式会社・特定非営利活動法人・NPO法人・一般社団法人・社会福祉法人と幅が広い。

業務の具体的な内容は，①登録住宅の入居者への家賃債務保証，②住宅相

図表 8－3　居住支援協議会の概要

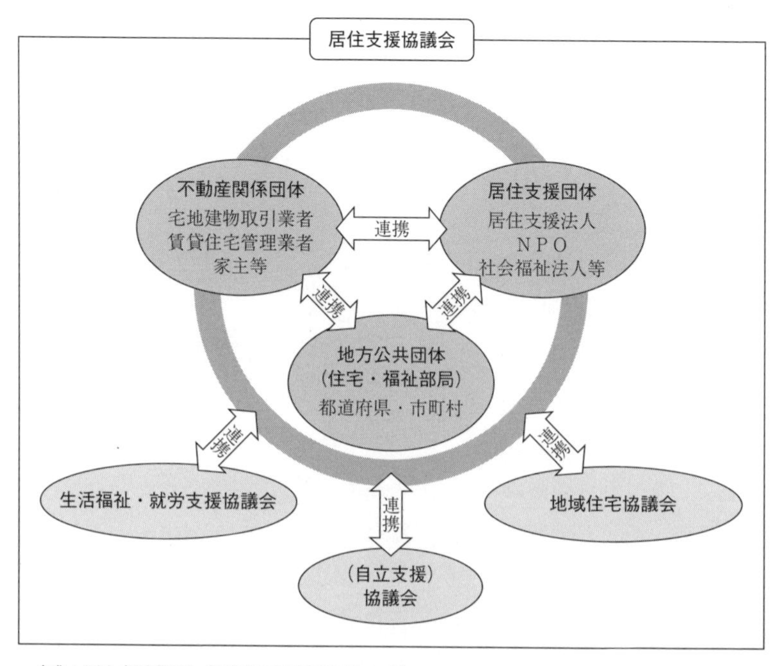

出典：国土交通省 HP（2021年12月23日アクセス）。

談など賃貸住宅への円滑な入居に係る情報提供・相談，③見守りなど要配慮者への生活支援と④①～③に附帯する業務である。必ずしも①～④のすべての業務を行わなければならないものではなく，各法人で業務内容は異なっている。

また，住宅確保要配慮者の民間賃貸住宅などへの円滑な入居の促進を図るため，自治体や関係業者，居住支援団体等が連携し，住宅確保要配慮者および民間賃貸住宅の賃貸人の双方に対し，住宅情報の提供などの支援を実施する「住宅確保要配慮者居住支援協議会」がある（図表８－３）。協議会では居住支援法人との連携はもとより，地域の住民ニーズや特性を尊重しながら，民間賃貸住宅の活用を含めたネットワークの構築に取り組んでいる。

無料低額宿泊所とは「生計困難者のために，無料又は低額な料金で，簡易住宅を貸し付け，又は宿泊所その他の施設を利用させる事業（社会福祉法第２条３項８号）」である（第２種社会福祉事業）。対象者は生活保護受給者，高齢者，ホームレス，アルコール依存症や薬物依存症などで，住居（住まい）だけでなく，日常生活・社会生活における支援を行う施設もある。入所者の多くが生活保護受給者であるため，生活保護費から施設の使用料や食費などを不当に徴収する，いわゆる貧困ビジネスは大きな社会問題になっている。また，一時的な宿泊施設ではなく，入所者の利用期間は長期化しており，食事や服薬・通院，人間関係づくりや就労指導などその役割も拡大している。

2016年４月，熊本地震で被災した熊本県は2020年３月31日をもって災害公営住宅の整備を完了した（県全体の整備数は12市町村，68団地，1,715戸）。県は被災した公民館を再建し，地域づくりを担う「みんなの家」の整備や，地震に強い県産木材などを使用した，良質でコスト低減に配慮した木造住宅をくまもと型復興住宅として，その普及に努めている。

高齢者の住まいとしては，介護と医療が連携したサービス付き高齢者向け住宅（サ高住）をはじめ，有料老人ホーム，認知症高齢者グループホームなど種類は多い。また，施設から在宅へという動きの中，住宅改修による在宅ケアも行われている。今後の住宅政策はサービスの質の保障や人材確保も含めた，社会保障政策の一つとして明確に位置づける必要がある。

4　労働政策

2007年12月，「仕事と生活の調和（ワーク・ライフ・バランス）憲章」と「仕事と生活の調和推進のための行動指針」が策定された。リーマン・ショック後の経済情勢などの変化，労働基準法や育児・介護休業法などの改正により，これらは見直され「新しい公共」や「ディーセント・ワーク」の概念が取り入れられている。また，2016年３月に子ども・子育て支援の新制度などの施

図表 8-4　企業のテレワーク導入状況

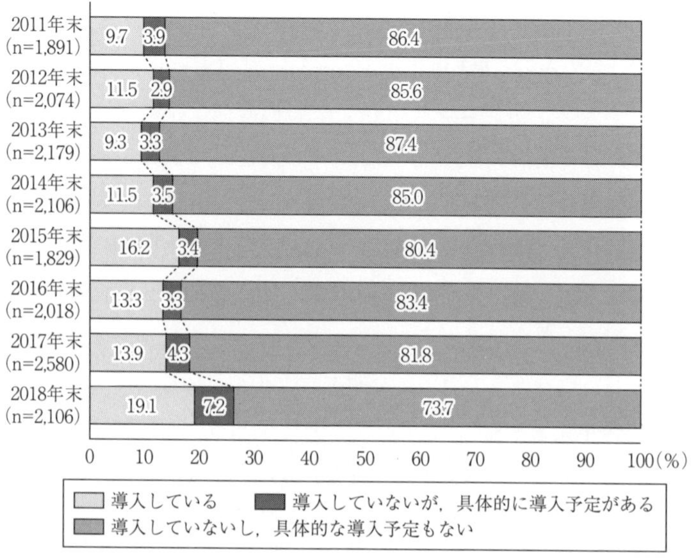

備考：(1) 総務省「通信利用動向調査」より作成。
(2) テレワークには，在宅勤務，サテライトオフィス勤務，モバイルワークを含む。

出典：仕事と生活の調和連携推進・評価部会・仕事と生活の調和関係省庁連携推進会議「仕事と生活の調和（ワーク・ライフ・バランス）レポート2019」2020年，110頁。

策を受け，行動指針（数値目標）は一部改正されている。

仕事と子育ての両立支援に向けた環境整備の一つに在宅ワーク（テレワーク）がある。これは「情報通信技術（ICT）を活用した時間や場所を有効に活用できる柔軟な働き方である。働く場所で分けると，自宅で働く在宅勤務，移動中や出先で働くモバイル勤務，本拠地以外の施設で働くサテライトオフィス勤務がある。正社員の女性は育児休業を取得して就業を継続できるものの，パートや派遣，契約など非正規雇用労働者は第１子出産を機に退職する女性の割合が高い。育児・介護休業法の周知・徹底を図ることと併せて，在宅勤務やサテライトオフィス勤務などの在宅ワークやフレックスタイムといった多様で柔軟な働き方を可能とする環境整備が求められている。

2018年末，在宅ワークを導入している企業の割合は19.1％であった（図表8-4）。しかし，2020年，新型コロナウイルス感染症対策により，一気に導入が進んでいる。同年4月，働き方改革推進支援助成金（時間外労働等改善助成金から名称変更）の中にある「新型コロナウイルス感染症対策のためのテレワークコース」における助成対象が見直された。この対象を派遣労働者まで拡大し，パソコンやルーターなどのレンタル・リースの費用も助成金の対象とした。また，テレワークの新規導入に取り組む中小企業主も支援している（支給額は対象経費の合計額×1/2で，100万円が上限）。在宅ワーク（テレワーク）がこのまま進んでいくと，これまでの「働き方」そのものも大きく変容するであろう。

ILO（国際労働機関）は，ディーセント・ワーク（Descent Work）を「働きがいがある人間らしい仕事」と訳している。「働きがいのある人間らしい仕事」とは権利，社会保障，社会対話が確保されていて，自由と平等が保障され，働く人々の生活が安定する，すなわち，人間としての尊厳を保てる生産的な仕事である。この実現の取り組みは①仕事の創出，②社会的保護の拡充，③社会対話の推進，④仕事における権利の保障の戦略目標に基づくものとされ，ジェンダー平等は横断的目標として，すべての戦略目標に関わっている。

2018年7月，「働き方改革を推進するための関係法律の整備に関する法律」が公布，2019年4月から施行されている。具体的には，労働基準法，労働安全衛生法，労働時間等設定改善法，パートタイム労働法，労働契約法，労働者派遣法などの法律改正である。働き方改革は，労働者が個々の事情に応じた多様で柔軟な働き方を，自分で「選択」できるようにするためのものである。

労働基準法が改正されたことにより，2019年4月から時間外労働の上限規制（中小企業への適用は2020年4月から）と年次有給休暇の確実な取得（図表8-5），2023年4月からは，月60時間超の時間外労働に対する割増賃金率引

図表 8－5　年次有給休暇の時季指定義務

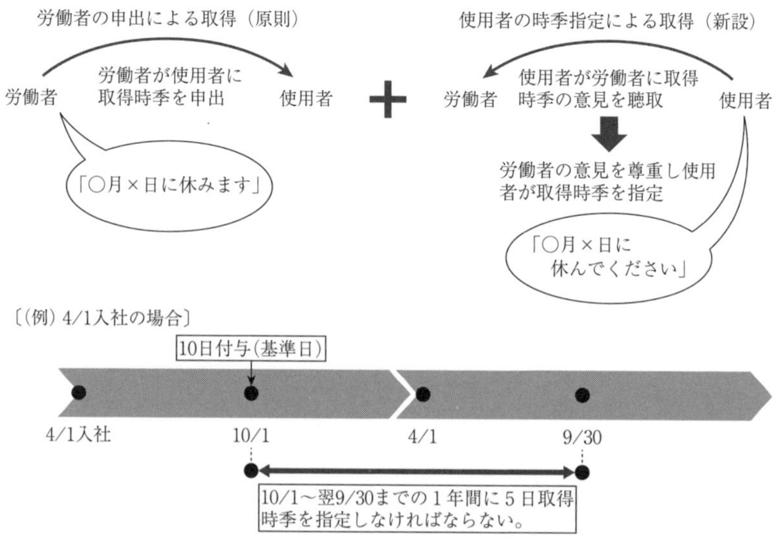

出典：図表 8－1と同じ。

き上げ（中小企業の割増賃金率を引き上げ，大企業・中小企業ともに50%）が義務となった。

また，各企業でフレックスタイム制の拡充と高度プロフェッショナル制度が選択できるようになった。高度プロフェッショナル制度は，高度の専門的知識などを有し，職務の範囲が明確で一定の年収要件（想定年間賃金1,075万円以上）を満たす労働者を対象としている。労使委員会の決議および労働者本人の同意を前提とし，年間104日以上の休日確保措置や健康管理時間の状況に応じた健康・福祉確保措置などを講ずることにより，労働基準法に定められた労働時間，休憩，休日および深夜の割増賃金に関する規定を適用しないという新しい制度である。労働者の適正な労働条件を確保するために「指針」が定められ，労使委員会の決議をする委員は，決議の内容がこの指針に適合したものとなるようにしなければならない。

図表８-６　地域の生活やコミュニティを支える小規模事業者

図１　人口密度区分別，存在確率

地方部には，百貨店・スーパーはほとんど存在しないが，青果店などは存在。

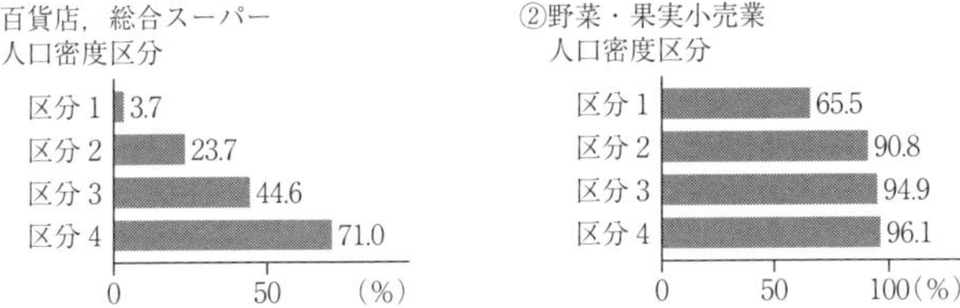

注：人口密度の低い順に，市町村別を区分１～４の四分位に分けている。
（例：区分１は，下位０～25%）
存在確率とは，「当該業種の事業所が立地している市町村数」を「市区町村の合計数」で割ったもの。

出典：総務省・経済産業省「平成28年経済センサス―活動調査」再編加工。

図２　小規模事業者を利用することで地域とのつながりを感じるか

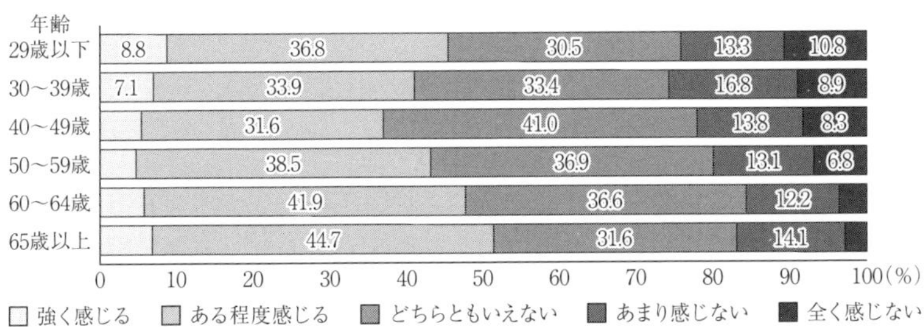

出典：みずほ情報総研㈱「普段の生活と地域とのかかわりに関するアンケート」

図３　地域の課題解決に中心的な役割を担うことが期待される者

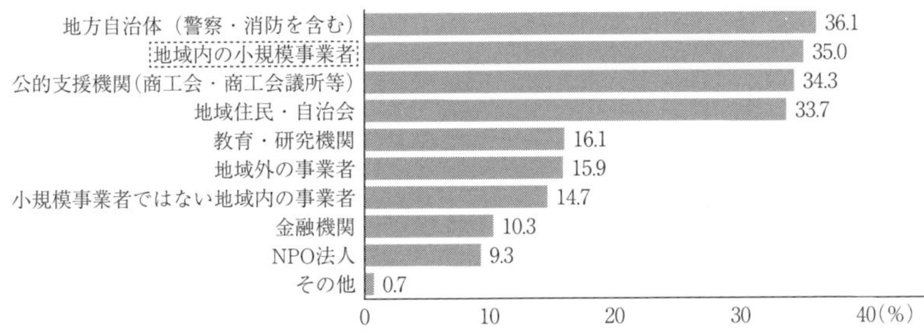

資料：みずほ情報総研㈱「普段の生活と地域とのかかわりに関するアンケート」。

出典：中小企業庁『2020年版中小企業白書・小規模企業白書概要』2020年，８頁。

5　経済政策

日本は資本主義経済社会であり，中小企業基本法（1963年制定）で定められている中小企業・小規模事業者に支えられている部分がかなり多い。2016年時点の企業数・従業員者総数は，大企業の企業数１万1,157社，従業者総数1,458万人，中小企業の企業数357.8万社，従業者総数うち小規模事業者の企業数304.8万社，従業者総数1,043万人である。[(2)]

2016年７月に中小企業等経営強化法が施行された。「経営力向上計画」の認定を受けた中小企業・小規模事業者に対し，中小企業経営強化税制（即時償却等）による税制面の支援や資金繰り等の支援を措置するもので，2021年10月31日現在，13万353件認定され，業種別では製造業が４万8,109件と最も多い。医療，福祉業6,622件は，建設業，卸・小売業に続いて４番目に多い。[(3)]

小規模事業者については「人口密度が低い地方部ほど暮らしのさまざまな面において，その存在感が大きい。また年齢層を問わず，多くの地域住民が小規模事業者を通じ「地域とのつながり」を感じており，地域の課題解決に向けた中心的な役割を担う存在として期待が大きい[(4)]」ことが理解できる（図表８-６）。高齢者や女性が継続して長く働ける，柔軟な働き方を可能としている小規模事業者が多いため，その売り上げや利益を確保することは重要である。また小規模事業者は，地域の生活やコミュニティを支えること（地域と住民の接点），多様な人材の活躍の場を提供する（雇用維持）という役割を担っているといえよう。

このような中，2020年５月，持続化給付金の申請が開始した。これは新型コロナウイルス感染症の拡大により，特に大きな影響を受けている事業者に対し，事業の継続を支え，事業全般に広く使うことができる。農業，水産業，製造業，飲食業，小売業，作家・俳優業など幅広い業種で，事業収入（売上）を得ている法人・個人を対象とする。給付額は中小法人等200万円，個人事業者など100万円（ただし，昨年１年間の売上からの減少分を上限）である。また，雇用保険法に基づく雇用調整助成金は雇用保険被保険者でない労働者の休業も助成金の対象に含めている。このほか，国民生活を守るため，資金繰り支援措置の強化やテナント家賃の支払い支援などを実施している。

最近では，日本国憲法第25条に規定する生存権，すなわち，健康で文化的な最低限度の生活と並び，第13条の自由や幸福追求権に基礎理念を求める考え方も注目されている。後者の理念は，個人の人格的な自律の支援や自由の保障を重視している。これら理念と市場経済の原理（同第29条・財産権）が融合しつつ，法制度や政策がつくられる。このため，国民の生活保障に向け，生活を動かす原理を探ることや生活を多角的な視点で科学的に考察することが重要である。

注

(1)　新田秀樹「Ⅰ　地域が変わる　２地域のお年寄りを支えるのは誰？——地域包括ケアシステムの構築」増田幸弘・三輪まどか・根岸忠編著『変わる 福祉社会の論点 第２版』信山社，2019年，19頁。

(2)　中小企業庁 HP「中小企業の基礎データ」（2021年12月23日アクセス）。

(3)　中小企業庁 HP「中小企業等経営強化法の認定について（認定状況）」（2021年12月23日アクセス）。

(4)　中小企業庁『中小企業白書・小規模企業白書 2020年版概要』2020年，８頁。

参考文献

安岡匡也『少子高齢社会における社会政策のあり方を考える』関西学院大学出版会，2018年。

駒村康平編著『新・福祉の総合政策』創成社，2018年。

増田幸弘・三輪まどか・根岸忠編著『変わる 福祉社会の論点 第２版』信山社，2019年。

石畑良太郎・牧野富夫・伍賀一道編著『よくわかる社会政策 第３版』ミネルヴァ書房，2019年。

増田雅暢・脇野幸太郎編『よくわかる公的扶助論』法律文化社，2020年。

世の中は今

2021年は，新型コロナウイルス感染症という全世界を巻き込んだ感染症対策に日々向き合った１年といえる。昨年（2020年），学校は休校，職場はリモートワークの推進などにより，子どもから大人まで，日常生活は急変した。大学は遠隔授業の中，学生の生活面（経済的支援，心のケア）を支えている。これまで誰もが予想できなかった生活を過ごしていると，本章で学ぶすべての施策が互いにつながっていることを実感する。

福岡県は，国の緊急事態宣言を受け，県独自の緊急事態措置を実施，外出自粛や休校は県民の生活不安やストレスの原因になり，DV（ドメスティック・バイオレンス）や虐待の増加が懸念される。そこで，県は相談窓口を開設し，県民一人ひとりの命を守り，暮らしを保障する対策と支援に取り組んでいる。コロナ禍が落ち着いた後，社会全体が大きく変容し，これまでの価値観が変化したとしても，福祉政策の本質は見失わずにいたい。

第９章　福祉サービスの供給と利用過程

学びのポイント

本章では，すべての国民を対象とする生活支援システム，すなわち，福祉サービスの提供がどのように構築されているか，また，それは社会資源としてどのように私たちに実施されてきたか，そのサービスの主体と利用の仕方や手続きについて知るため，サービスの種類や内容を整理する。そして，利用者の福祉ニーズが多岐にわたることで，福祉サービスについてもさまざまなバリエーションや特性，意味合いをもって対応しているかを学ぶ。

1　福祉サービスの供給部門

福祉サービスは政府がすべてを供給しているわけではなく，福祉多元主義的な色合いが強い各々の部門を担っている。すなわち，公的（公共）部門だけではなく，ボランタリーやインフォーマルなどの民間部門がさまざまな福祉サービスを提供し，それぞれの役割を担っている。

福祉サービスは，私たちが生活の中で「困り事」が生じた時に提供され，生活支援システムの該当部門から必要な社会資源として提供される。この場合，福祉サービスを提供するのは政府や自治体をはじめ，社会福祉協議会（社協）や福祉公社，社会福祉施設などの社会福祉法人をはじめ，診療所や病院などの医療法人，あるいはNPO法人，一般社団法人，公益財団法人などの職能団体，協同組合，互助団体，企業・事業所などが福祉サービスを提供するのである。

では，これらの福祉サービスはどの部門が誰にどのような方法で行っているのか，また，誰がその内容を決めているのか，さらには福祉サービスの提供を受ける利用者の意向はどうかなどを順にみていこう。

（1）公的（公共）部門

公的（公共）部門（フォーマル部門）とは，政府と自治体である。その特性としては社会の正当性と統合性を高め，セーフティネットの役割を担う。もっとも，近年，「地方分権化」などの名目で，国・都道府県の直接的な供給主体としての役割は減っている。中でも都道府県の比率が減り，市町村が福祉サービスの供給主体という役割が増える傾向にあるが，政府や都道府県は，その条件整備や環境整備という後方支援としての役割は欠かせないものである。

この点，市町村[(1)]は住民に一番近い自治体として住民の生活に責任を持ち，福祉サービスを提供する機会が増えている。基礎自治体といわれるゆえんである。

（2）民間部門

1）インフォーマル（非営利）部門

これに対し，民間部門はインフォーマル（非営利）部門，ボランタリー部門，市場（営利）部門の３つに大別される。このうち，インフォーマル（非営利）部門は，フォーマルな色の強い社会福祉法人や医療法人，NPO 法人，一般社団法人，公益財団法人などの職能団体，協同組合や互助団体などで，公益性と社会的使命を持つ。もっとも，前述したように，近年は公的部門が後退・縮小した部分を補っている側面もある。また，「新しい公共」としての意味をこの部門の活動に見出し，民間部門による公共，公益を目指す活動も行われている。この民間部門の新たな活動の機会として政府や自治体の公的部分の内容をも一部含まれるようになった。指定管理者制度はその典型である。

2）ボランタリー部門

ボランタリー部門は，親族や友人，知人，町内会や自治会などの近隣組織，民生委員・児童委員などを指し，住民として互いに親密性を持ち，助け合う自主性や自発性が基となっている。しかも，近年，各地でさまざまな災害が発生したのを機に絆の大切さを学び，地域における活動の中心となるつつある。この部門が活発であるほど，ソーシャルサポートネットワークなどの見守りや安否確認などが充実したり，ソーシャル・キャピタル（社会関係資本）が醸成されやすくなる。その意味で，いわば地域の財産である。

3）市場（営利）部門

最後に，市場（営利）部門は，株式会社や有限会社など企業・事業所の市場ベースによって提供される福祉サービスを行う部門を指し，シルバーサービス，あるいは福祉産業などといわれている。その特性は，市場原理を前提として利潤を追求する部門である。もっとも，利用者の多寡や都市部と地方などによって，その種類や利用料，また市場にいる民間の数や状況により，質や量の差がある。

しかし，近年，企業・事業所のフィランソロピー（社会貢献活動）など公共性の高い活動を行うケースもある。このため，これまでよりも掘り深く，広く福祉に関わっているといえる。

（3）部門間の調整・連携・協働

ところで，このような公的（公共）部門および民間部門，すなわち，社会資源がどのような役割を担うか，また，相互にどのように役割分担を担うか，さらにはどのように分けるかについては，さまざまな説がある。ただ，2000年の社会福祉事業法の社会福祉法への改正・改称や介護保険法の施行以降，地域福祉のさらなる推進や地域包括ケアシステムの構築などに伴い，インフォーマルな部門の重要性や活用が注目されている。

また，ノーマライゼーションの理念やソーシャルインクルージョン（社会的包摂）を推進すれば，フォーマルな福祉サービスの提供だけではその生活を維持するのが難しくなる。もとより，この公的・（公共）部門の民間部門だけで福祉サービスや生活支援がすべてできるわけではない。このため，いずれが主または従か，もしくは不足する支援をいかに補うべきか，あるいはその支援を広げ，地域包括支援体制を整備して地域共生社会を実現すべきかなど，その時々のクライエントの福祉ニーズやそれを供給する福祉サービスのあり方を調整・連携する必要がある。そこに，誰もが住み慣れた地域で生命や財産，安全・安心な生活の確保が図られ，福祉社会，さらには福祉国家へと昇華すべき最終目標がある。

2　福祉サービスの供給過程

次に，社会福祉がどのように私たちに供給されるのか，その過程をみてみよう。

（1）公私関係

福祉の公的部門と民間部門の役割分担に関しては，古くから議論が交わされている。古くは20世紀，イギリスにおける救貧法の公的救済と慈善事業の関係の論争がそれである。これは「平行棒理論」対「繰り出し梯子（はしご）理論」の論争と呼ばれている。このうち，「平行棒理論」は公的なサービスと民間のサービスはそれぞれ性質も対応する課題も異なるため，両者が同じ土俵に乗ることはないとされた。

一方，「繰り出し梯子理論」は民間部門の役割は自主的・先駆的なものであるため，いずれを軌道に乗せて公的部門に引き継ぐとし，役割の分業や順番などこそあるものの，両方が同じものの土俵に乗るとした。

現在もこの議論は各々のサービスにより，誰が，いつ，行うのか，ケースを変えながらもまだ議論されている。とりわけ，さまざまな福祉ニーズがある現代社会においては民間部門の先駆的，実践的サービスにチャレンジする役割や意義，また，その実践を公的部門につなげる意味が大きい。

一方，日本の社会福祉の歴史の中で公私分担の考え方に影響を与えたのは第二次世界大戦（アジア太平洋戦争）後の1946年に規定された，国家責任の原則と公私分離の原則である。それは，日本国憲法の公布によって国家責任の明確化と公私分離の原則が明確に謳われてからであった。具体的には，まず公的責任の原則は，国家責任の原則と公私分離の原則という２つの面を持ち合わせていた。このうち，国家責任の原則は，国の責任として中央集権の社会福祉行政を生み出した。

これに対し，公私分離の原則は，公金の出資を禁止する規定とともに支援委託費制度と社会福祉法人制度をつくり，戦後の社会福祉の根幹の基となった。もっとも，現在は自治体は社会福祉事業を主体的に行うものと責任転嫁したり，財政支援を求めたりしないことを規定している。そして，互いを干渉し合わない自立した福祉サービスの提供を担うとしている。

また，行政が給付決定から提供までを運営する措置制度によるサービス提供が開始された。すなわち，行政が福祉サービスの利用にあたってはその給付の要否，サービスの内容などを決定し，行政処分という形で福祉ニーズを有する利用者に必要な福祉サービスを提供する，そして，福祉サービスの提供者には行政がその費用を公費で負担するという仕組みが構築され，長い間，継続されてきた。このため，福祉サービスの利用者は限定された社会的・経済的弱者とされ，行政が公の責任として実施するという体制であった。

したがって，福祉サービスの提供者は，旧社会福祉事業法に規定された公的助成を受けられる社会福祉法人を中心とする者であった。その意味で，戦後の福祉行政は，「限りある社会資源」による社会福祉施設（社会福祉法人）の拡充といえよう。このように社会福祉の公私関係は，それまであった民間の社会福祉施設の処遇や施設職員の労働条件など，公との格差を解消（平準化）することが公の責任とされた。このような社会福祉基盤の整備こそ公的責任とされてきたのが，1960年代から1970年代の日本の社会福祉であった。

しかし，1980年代にかけ，公私の役割分担あるいは公私の問題は福祉サービスの供給からの側面から社会福祉が捉えられるようになり，公私の関係のあり方も，均等化・平準化された福祉サービスの供給の中で，公私の役割をいかに果たすべきか問われるようになった。このため，公私それぞれの特徴を活かしながら福祉ニーズに応じた福祉サービスをいかに供給するか，が重要になった。

いずれにしても，政府が福祉の供給を行うことは日本国憲法第25条の生存権の保障が基盤となっている。ただ福祉供給に関しては，今後ますます福祉ニーズが増え多様化することが考えられるため，公私（民）の協力がますます重要となる。国家が国民に対して公的な福祉を提供し，安心や安全を守ることは重要である。また民間が法律に頼らない，縛られない自主的・自発的な福祉を地域や利用者の福祉ニーズに応じて展開し，両者が車の両輪のように動いていくことで福祉が安定し，必要に応じて進化することができるのである。

（2）再分配および割り当て

日本の社会保障における福祉の供給については，国民が払った消費税などの税金や社会保険料が社会福祉の財源（社会福祉供給，サービスの）となり，そのサービスを国民が受けるという流れがある。これが国民に対する所得の再分配といわれる機能である。この所得の再分配といわれる機能は，次の3つの分配方法に分けられる。

1）垂直的再分配

費用負担能力の高い者がより重い負担をする配分方法である。所得階層によって格差を少なくするという観点から行われる。所得税などがこれに当たる（累進課税）。

２）水平的再分配

同一所得間で働ける人から働けなくなった人々や子どもの多い家計への再分配をする方法である。

３）世代間再分配

若い世代から高齢者世代へ配分する方法である。公的年金がこれに当たる。公的年金は現在，若い世代が支払っている保険料を今の高齢者が年金として受け取っている。これらの配分方法からみても収入のある（多くの場合，働いている若い年代層）労働力人口の人々の負担が多いことは想像に難くない。今後，少子高齢化の進展や人口減少，巨額な赤字国債の返済などのあおりを受け，この年代層が減少することで再分配のバランスなども厳しい状況となるため，再分配の方法を組み合わせながら再分配をしていくことになろう。

そこで，割り当てという方法や限られた財源，福祉サービスの供給を的確かつ効率的に行う機能もある。これは福祉ニーズに優先順位を付け，優先度や緊急性の高いものから配分する方法である。

（３）市場と準市場

社会福祉において，国が福祉サービスを行ってきたという歴史の中では，ある意味，その内容や量・質は一定のものだった。もっとも，その後の公私の福祉が生まれたことにより，準市場という市場原理の働く環境ができた。福祉の供給を公的に行う時，税金が投入される。社会保険で資金を調達し民間主体も含めた供給体制をとる社会保険型，民間保険から資金を調達する自由型の２つがある。社会保険型は公的に補助された利用者が供給者を選択でき，供給者間で競争が起こる準市場を伴う場合が多い。

しかし，次のような準市場の組み合わせもありうる。この準市場は地域社会に私たちが選択できる福祉サービスを増やし，また，供給側からすれば競争して勝ち残るため，よりよい福祉サービスを提供する競争原理が働く。その一方でその競争原理によって撤退したり無くなる福祉サービスもある。

なお，日本では1990年代以降の社会福祉基礎構造改革により，高齢者福祉や児童福祉，障害者福祉などで準市場が生まれている。このうち，2015年４月から施行された子ども・子育て支援制度では，保育所と幼稚園に準市場が導入された。幼保一元化の流れがそれである。

（４）福祉行財政と福祉計画

福祉を進めていくための制度・政策をつくる主体は政府だが，実際に福祉の実施や運用をしていくには財源（財政）だけでなく，実際に活動する人や場所，物などのマンパワー（人材）や社会資源が必要になる。福祉を継続的かつ持続可能性を維持する活動としていくためには，これらがすべて備わる地域の社会資源が必要になる。このため，政府の社会福祉に関する方向性や政策決定は重要であり，また，実施している内容が有効であるかどうかの評価も重要である。すなわち，社会福祉の行財政がどのようになっているのか，また，どのように財源を使い，福祉の方向性（計画）を決めていくのかを知ることは，今後の私たちの福祉を左右することは理解すべきである。

福祉の財政は，公的な財政のため予算が計上され，適正に執行される。また，その財源は私たち国民から徴収した消費税などの税金や社会保険料であることは前述したが，この財源は常に一定額があるわけではない。

税金と一口にいっても，これには法人税や所得税，住民税，固定資産税，消費税などといった強制的に徴収され，ある程度財源として安定しているものがある。また，社会保険料は年金保険や医療保険など社会保障の財源で，かつ強制加入で社会連帯の考えに基づくものである。保険料を納めることと給付を受けることが対になっており，どれだけ納め，どれだけ給付になるのか，わかるのも特徴的である。また，福祉計画は政府，都道府県，市町村によって役割によるものがあり，これらは互いに連動している。

・政　　府：社会福祉制度・政策の開発，すなわち，関連する法律の制定・改正，法令・規則・策定指針・策定マニュアルの自治体への開示・指示・財源の補助など。

・都道府県：社会福祉制度・政策に関連する条例の制定・改正，実施要項の策定，審議会の開催，策定マニュアルの市町村への開示・指導，財源の補助，人材の派遣など。

・市 町 村：社会福祉および地域福祉制度・政策に関連する条例の制定・改正，実施要項の策定，審議会・懇談会の開催，地域福祉計画などの策定・実施・評価・改定（見直し，財源の調達，人材の養成・確保など。）

・住　　民：社会福祉および地域福祉制度・政策と公私協働する社会福祉および地域福祉事業・活動の推進，市町村社会福祉協議会，民生委員・児童委員協議会，保護司会，町内会・自治会，老人クラブなどとの懇談会の開催，住民の福祉ニーズ（アンケート）および社会資源の多寡の調査，ワークショップ・シンポジウム・パネルディスカッション・フォーラム，ワールドカフェ，講演会の開催，クライエントへの訪問（ヒアリング）調査，財源の調達，先進地の視察，マンパワー（人材）の養成・確保，地域福祉計画などの策定・実施・評価・改定（見直し）など。

（５）福祉開発

社会福祉を活性化させる取り組みを地域で生み出す仕組みなどのことである。たとえば学校再活性化や地域の社会資源を使って地域を元気にするなどが該当する。

（6）ソーシャルワーカーと福祉サービス供給部門との関係

1）ソーシャルワーカーに求められる役割

社会福祉士・精神保健福祉士は，福祉ニーズを有するクライエントへの対人援助に務める事を責務とするソーシャルワークの専門職であり，国家資格である。このため，所定の単位を取得し国家試験に合格することで公的資格を有した上で，社会福祉に関わる専門的な知識と技術を駆使して，クライエントのニーズを充足させることが重要な役割となる。

また，それだけではなく，ソーシャルワークを通じ，クライエントの住む地域の地域共生社会の構築，すなわち，小地域福祉活動を推進し，誰でも住み慣れた地域でいつまでも生命や財産，安全・安心な生活を確保するための実践（地域福祉）も重要な役割になっているといえる。このため，単に社会福祉に関わる専門的な知識と技術を駆使するだけでなく，政治や経済，社会，文化など福祉土壌の醸成に努めるほか，ソーシャルワークの専門職としての人間性も磨き，すべての団塊世代が75歳以上の後期高齢者となる2025年，さらには本格的な少子高齢社会および人口減少になる見込みの2065年に向け，有能な人材として活躍することが望まれている。

2）制度の推進と政策の問題点の指摘・改善

具体的には，ソーシャルワーカーは社会福祉の供給過程での公的（公共）部門および民間部門の一員として，事業・活動を担うだけではなく，既存の制度への問題提起という役割も担っている。すなわち，政府の公的責任としての公助への供給過程における制度の推進や政策の問題点の指摘・改善である。すなわち，クライエントの福祉ニーズの充足が不十分であれば制度・政策の問題を提起し，より充実した制度・政策とするよう政府に提起するとともに，条例の制定や政策の補完などを自治体に提起することである。

いずれにしても，この取り組みは大変重要である。なぜなら，ソーシャルワーカーの実践が，政府や自治体の制度・政策の下請けや下働きにとどまるものであれば，クライエントの福祉ニーズの不足を充足することはできないからである。

３）社会資源との連携

また，地域の社会資源である民間部門，すなわち，社会福祉協議会・福祉公社・社会福祉施設などの社会福祉法人，診療所・病院などの医療法人，NPO法人・一般社団法人・公益財団法人などの職能団体，協同組合・互助団体・企業など地域の社会資源との連携もソーシャルワーカーに求められる役割の一つである。

さらに，この連携に際しては，社会資源による互助としての事業・活動を把握した上で，コミュニティケア（地域福祉事業・活動）・コミュニティディベロップメント（地域資源開発技術事業・活動）・コミュニティソーシャルワーク（小地域援助技術），さらにはソーシャルアクション（社会改良運動）により，コミュニティオーガニゼーション（地域組織化活動）を推進する必要がある。また，他地域の住民・市民ボランティア活動などの共助も当然のことながら重要な要素である。

いずれにしても，このようにソーシャルワーカーは単に福祉ニーズを有するクライエントへの対人援助に務めるだけでなく，また，福祉サービスの供給過程の一員としての専門職としてソーシャルワークに務めるだけでなく，これらの任務を通じて地域共生社会を実現させるため，地域福祉を推進する使命がある。

3　福祉サービスの利用過程

(1) 福祉サービスの利用方式

福祉サービスの供給過程は，時代の流れとともに社会福祉基礎構造改革以降，その方法についても変更や新たな方法が導入されている。この供給過程のありようを歴史的に方式別に紐解くと生活保護制度の保護申請の方式，措置制度の措置方式に始まり，その後，福祉ニーズは対象者の変化，福祉の制度や考え方の変化を経て措置から契約という制度へ変わっていった。ここでは上記の流れの中で出てきた保護申請や措置・契約の方式についてみてみよう。

1）保護申請方式

国民の保護請求権を使い，希望する者が申請をして受給資格の有無を行政機関が決定する。その代表的なものとして，生活保護制度がある。これは申請保護の原則に基づいて行われる。

2）措置方式

福祉サービスを希望する者が福祉サービスを供給する実施機関に相談し，その後，福祉サービス供給実施機関の職権で利用の可否を行政処分として決める方法である。代表的なものとして，養護老人ホームや児童養護施設，婦人保護施設などの利用申請がある。

3）利用契約方式

社会福祉基礎構造改革以降，この利用方式が多く導入されている。この方式については，サービス提供事業者（施設，事業所）と利用契約する方法と行政との契約による方法に分けられる。基本的には利用を希望する者が事業者に利用を申し込み，契約をした後に福祉サービスの提供を受ける。

具体的には，福祉（介護）サービス提供事業者（施設，事業所）との利用契約の方法として有名なのは，介護保険・保育所・障害者総合支援法のサービス利用の方式である。このうち介護保険では，市町村が保険者，第１号被保険者（65歳以上）と第２号被保険者（40歳から65歳未満）が被保険者となり，介護が必要になった際，被保険者は要介護認定を申請する。そこで判定を受け，要介護，または要支援のいずれかに認定されればその範囲の中で介護サービスを利用できるようになり，その時点でサービスの受給権者となる。この受給権者は，その後，希望する介護サービスなどを行っている事業者を自分の介護サービス計画（ケアプラン）に基づき利用内容を選び，介護サービスの提供を受ける。その際，自己負担分を支払う。残り分は事業者が保険者に請求し，保険者は事業者に費用の支払いを行う。

介護保険については財源や地域にある介護サービス量，介護サービスを提供する人材不足などの観点から地域による格差，介護サービスの量や質などの差が問題になっている。選べるはずの介護サービスが資源が少ないことで選べなかったり，本来必要な介護サービスとマッチしておらず，ずれが生じたりする問題もある。

また保育所についても，実施主体となる市町村に申請をする形で行われる。保護者は市町村へ利用申し込みをし，その後，市町村は保護者の希望や地域の保育所の状況に鑑み，利用の調整・あっせんを行う。利用が決定された後，保護者は市町村と契約を行うというシステムである。昨今，女性の社会進出や出産後の社会復帰時の待機児童問題などの要因から，保育所に入ることができるかどうかは，その後の家庭生活・女性の就労について大きな影響となる問題である。

一方，障害者総合支援方式では実施主体は市町村で，利用を希望する利用者が市町村へ至急申請をする。その上で，市町村が区分けを行って支給の決定をする。その後，利用者は指定を受けた事業所に対してサービス利用を申し込み，契約を結ぶ。そして，事業所は契約内容に基づいたサービスの提供を行う。その後，利用者はその所得などの利用者負担区分に応じ，利用者負担分を負担する。事業者は市町村にその自己負担分以外の請求をし，市町村はその事業所に残り分の負担金を支払う流れとなっている。

いずれにしても，国民は福祉サービスを選定する，契約するという一連の流れ，手続きの中で，必ずしも自らがすべてを理解して自分で契約できるとは限らない。このような場合，成年後見制度などを活用することも可能である。これは判断（意思）能力がない，または減退していることが要件となっている。

たとえば，認知症などで自ら正しい判断ができない高齢者や障害者などに対し，法定後見または任意後見により本人の利益を守るため，代行する役割を負う福祉サービスがある。この制度が広まることで，サービス契約や利用につながるというプラス面がある一方，後見人の倫理に関する問題，すなわち本当にその利用者に必要なのかを吟味した利益行為の代行の対応などにおけるトラブルも増えている。このため，都道府県による福祉サービス第三者評価事業や社協の日常生活自立支援事業（前・地域福祉権利擁護事業）の充実およびその活用も重要である。

（2）スティグマ

スティグマとは「烙印（らくいん）」が元の言葉で，差別的なレッテルを貼ることを意味している。社会学者のゴフマンは劣勢，不完全という風にみなす印と定義している。社会福祉の歴史を振り返ると，このスティグマとなる制度が存在し，本当に必要な人たちの支援の妨げになったことがある。

たとえば，イギリスの貧困対策の中で，1547年法では浮浪者（ホームレス）に烙印を実際に押すという方法でレッテルを貼り取り締まった。日本においては，社会福祉は，日本国憲法第25条に基づく最低限度を営むために必要な保障として，また国民主権・基本的人権の尊重などに示される権利としてある。さらに，権利と義務は連動する事柄で，政府は権利を保障しているだけで，実際に行使をするのは国民自身にほかならない。

しかし，日本の社会福祉には，その国民の権利を行使するという発想を国民に持たせにくい背景がある。それは日本が官尊民卑の中央政府，国主導で国をつくり，国民に対して政府が公的責任としての公助，すなわち，措置として対応することに対し，福祉ニーズの訴えや相談が自助・互助を強調するあまり，「権利を行使する」という発想が生まれにくかった。また，政府が措置として行ってきた処遇は劣等処遇によるもので，自活している者よりも劣る処遇という対応だったことにほかならない。

しかし，昨今の社会保障構造改革や社会福祉基礎構造改革に伴い，契約制度の下，自分の福祉ニーズを充足する福祉サービスを選択するという視点に立つことで，国民は権利意識を持つようになり，政府および自治体の支援の足りない部分を自ら，また，地域で協力するという姿勢を持ち始めた。ただ，このように国民，制度の考え方が変わってきた現在でも，世間体を気にして必要なサービスを使えない，結びつかない人たちもいる。

たとえば，地方で介護サービスを使おうとすると，「嫁がいるのに……」といわれる例や生活が苦しくどうにもならないのに「子どもが学校で馬鹿にされると困る」と生活保護の申請をためらう親などが，その例である。社会福祉は，必要な時に必要なことを使うべきである。また，そのためには私たち自身が権利と義務を理解し，単に政府に社会福祉を任せっ放しにしたり，自分の目で確認したりして参加することを避けて通るのではなく，社会福祉や制度・政策，自分の生活を取り巻く環境や地域などを知ることが必要である。自らが自覚することで，当然の事として制度を権利として使い，自分も主権者の義務として政治や行政への働きかけ，できることをしていく。何よりも積極的な姿勢が福祉や政治・国を動かし，福祉サービスや社会資源を増やし進めていくのである。

（３）方法の非対称性

前述したように，私たち国民の姿勢が，政府の社会福祉の供給体制や公私のサービス量や質の整備・拡充を進めていくことになる。その過程の中で，実際に必要なことと制度として実施しようとしていることの「ずれ」がないかを確認することで，非対称性の確認ができる。そして，そのためには，国民一人ひとりが政治や行政などへ参加していくことや実際の地域の福祉ニーズや量を把握することが大切である。地域を診断し福祉ニーズを掘り起こし，その福祉ニーズに合わせて供給体制を整備することが重要である。また，その整備においては，私たち自身が参加・協働し，政府や自治体の公的責任としての公助をベースに，しかし，自助・互助・共助も機能させることで，すべての人が生活しやすい地域や社会ができるのである。

(4) 受給資格とシティズンシップ

社会福祉に対する国民一人ひとりの姿勢やそれを変える必要性，これもまた，福祉の利用の姿勢と同様，私たち国民自身が学び，「自分事」として考えるという発想が大切である。また，昨今の「地域共生社会」，地域社会の「我が事・丸ごと」のような町全体・地域全体のことを考えるスタンスは，個人の生活や自分の利益だけの福祉課題を解決するのではなく，最終的に自分の生活も含めた周りの人も同じように捉えていく視点に基づく福祉コミュニティづくりが必要ということに行きつく。そのためには，単に従属的に口を開けて待っているスタンスやフリーライドでその場を過ごすのではなく，自分も動き参加する市民参加・参画という意識や行動が必要である。実際，自分たちの声が起点となってソーシャルアクションを進めていけば，ノーマライゼーションの理念やソーシャルインクルージョンが進む。

実際，周辺の住民を市民として育てる，また，「育つ教育」も重要である。住民という言葉が市民という言葉に単に変わるというのではなく，国民一人ひとりがその地域に住む住民として政府や都道府県，市町村の福祉サービスを利用する権利を持ち，また，義務としてその財源となる消費税などの税金や社会保険料を納付しているという理解および意識を育み，行動する人材となる教育が必要である。さらに，この教育は実際に行動するという巻き込み，輪を広げることも社会福祉・福祉教育の役割といえよう。

注

(1) 東京23区の特別区も含む。以下，同。

参考文献

荒井和樹『子ども・若者が創るアウトリーチ——支援を前提としない新しい子ども家庭福祉』アイエス・エヌ，2019年。

稲葉陽二『ソーシャル・キャピタル入門——孤立から絆へ』中央公論新社，2011年。

奥田知志・原田正樹編『伴走型支援——新しい支援と社会のカタチ』有斐閣，2021年。
川村匡由『地域福祉とソーシャルガバナンス——新しい地域福祉計画論』中央法規出版，2007年。
川村匡由編著『入門 社会保障』ミネルヴァ書房，2021年。
川村匡由編著『改訂 社会保障』建帛社，2021年。
川村匡由編著『入門 地域福祉と包括的支援体制』ミネルヴァ書房，2021年。
川村匡由監修，佐橋克彦・島津淳・西﨑緑編著『現代社会と福祉』電気書院，2018年。
木下大生・鴻巣麻里香編著『ソーシャルアクション！あなたが社会を変えよう！——はじめの一歩を踏み出すための入門書』ミネルヴァ書房，2019年。
厚生労働省「『我が事・丸ごと』の地域づくりについて」(2022年1月19日アクセス)。

利用者は今

政府の民活導入の方針を受け，有料老人ホームやサービス付き高齢者向け住宅（サ高住），民間医療保険，民間介護保険などがタレントを使って大々的なPRを行っているが，一部でその契約や利用をめぐってトラブルを招いている。筆者（川村匡由）がこの30年来，交流のある東京23区の特別区の福祉職として務めていた女性もその一人だ。高齢になったため，自宅近くのサ高住に転居したが，「要介護１」と認定されたものの，施設介護が受けられず，筆者の助言や弁護士の仲介によって事業者が交代し，引き続きそのサ高住に止まって必要な施設介護を受けられることになって一件落着した。しかし，当時の介護職員はどのような対応をしたのか，その後，退職したので不明だが，社会福祉の専門職としの当事者支援の重要性や自治体の消費生活センターとの連携の必要性を再認識させた。

第10章　福祉政策の国際比較

学びのポイント

グローバル化は何も政治や経済の領域だけでなく，社会福祉の領域においても今日的な課題である。具体的には，日本や欧米，オセアニアなどの先進国や中国，ロシア，韓国，インド，ブラジルなどの新興国，東南アジアや中東，アフリカ，ラテンアメリカなどの途上国における社会福祉の普遍化のため，各国が一致協力して世界連邦を構築することである。そこで，本章ではこのような視点に立って福祉政策の国際比較について学ぶ。

1　国際比較の視点と方法

(1) 視　点

福祉政策を国際比較する際，21世紀に向け，国際社会福祉はもとより政治・経済のグローバルを踏まえて考える必要があるが，肝心の国際社会福祉の概念は今なお十分議論されているわけではない。なぜなら，研究者によって国際社会福祉論と位置づけているかと思えば単に国際福祉論としているように定説に至ってはいないからだが，筆者は福祉政策を国際比較する際，基本的にはやはり国際社会福祉論として福祉政策を国際比較すべきであると考える。

周知のように，世界の総人口の約４分の３は中国やインド，ブラジルをはじめとするアジアや中南米などに集中している。しかも，これらの国では人口の急増や大都市への人口の集中，所得および地域格差などさまざまな問題を抱えている。

ところが，福祉政策はややもすれば先進国における年金や医療，介護，子育ておよび高齢者や障害児者，児童，乳幼児，妊産婦，貧困者，ホームレス，外国人など社会的，経済的弱者に対する福祉サービスを中心とする社会福祉の総称としてとらわれやすい。しかし真の福祉政策はこのような社会保障や社会福祉だけでなく，今般の新型コロナウイルス感染症のパンデミック（世界的大流行）に象徴されるように，公衆衛生および医療も含まれる社会保障の概念にとどまらず，地球温暖化や森林破壊等，人間の自然破壊による外来生物など人類と自然との共生をも視野に入れ，人間が住み慣れた国や地域で安全・安心でかつ安定した生活を維持し向上させ，その持続可能性を追求すべきである。

具体的には，生活三要素，すなわち衣食住，さらには新生活三要素，すなわち，医職住をはじめ，雇用や環境，移動，情報，防災・減災も加えた社会保障および社会福祉からなる福祉政策とすべきである。そして，国や地域の違いを超え，国連（国際連合）はもとより，NGO（非政府機関）やグローバル企業，国際ボランティアなどの事業・活動も考え合わせるべきである。

なぜなら，第二次世界大戦後の著しい科学技術の進歩や人口の移動，政治・経済のグローバル化に伴い，欧米や日本，オーストラリアなどの先進国はもとより，中国やロシア，韓国，インド，ブラジルなどの新興国も近年，著しい発展を遂げているものの，東南アジアや中東，アフリカ，ラテンアメリカなどは今なお貧困や飢餓，人口爆発，ホームレス，識字率の低さなどの問題を抱えているからである。その意味で，日本は1950年の「社会保障制度に関する勧告」（50年勧告），1995年の「社会保障体制の再構築――安心して暮らせる21世紀の社会をめざして」（95年勧告）に基づく年金保険や医療保険，労働（労災・雇用）保険，介護保険，社会福祉，公的扶助（生活保護），老人保健・医療，恩給，戦争犠牲者援護，住宅対策，雇用対策としている社会保障の概念は，あまりにも国家主義的にとどまっている。

また，近年のODA（政府開発援助）の実績をみてみると，直近の2019年の場合，51カ国・地域中，日本の支出総額ベースは世界第6位，GDP（国内総生産）がアメリカ，中国に次いで世界第3位という割には決して多いとは言い難い。また，このような資金援助だけでなく，世界唯一の被爆国としていずれの国や地域が平和・福祉国家，否，国際社会全体が世界連邦の構築に向けた国際貢献としても不十分である。

したがって，福祉政策の国際比較においても先進国や新興国・途上国を問わず，すべての人々の自由・平等・人権が保障され，かつ幸福で安全・安心・安定した生活を営むことができるよう，国際協調すべき視点が重要である。

具体的には，国際社会を構成するすべての国や地域に住まう人々に対する人権擁護と恒久平和を基本原理とし，誰もが国籍や居住地，民族，人種，宗教，思想，信条，言語，文化などによって差別されず，幸福で安全・安心，かつ安定した生活を営むことにある。それは第二次世界大戦後，国連の総会で採択された「世界人権宣言」など人権に関わる各種宣言や条約の精神に適(かな)うことである。また，私たち日本人にとって，日本国憲法の三大原則とされる国民主権・基本的人権の尊重・平和主義からなる国是に適うことでもある。

その意味で，日本も先進国の一員として諸外国の社会保障および社会福祉からなる福祉政策の現状を把握，国際比較して諸外国，とりわけ，新興国や途上国における福祉政策の整備・拡充のため，ILO（国際労働機構）のさまざまな条約や勧告による社会保障のグローバルスタンダードに照らし併せ，いかに国際貢献すべきかを提起し，国際社会保障および国際社会福祉への地平を拓(ひら)くべきである。

（2）方　法

次に，その方法だが，一般的には国際社会全体，または複数の国家や地域にまたがる公衆衛生，医療，教育，住宅，労働などを含む生活改善，社会保障，それに狭義の社会福祉を中心にその水準を指標にしている。すなわち，戦争や内乱，災害，恐慌などの社会変動や人種差別，移民・難民，南北問題などの解決のための施策や事業・活動がその範囲である。現に，国連は特に途上国の実態を重視し，人口増加や家族，貧困，飢餓，虐待，エイズ（後天性免疫不全症候群），医療，健康，栄養，教育，住宅，あるいは都市と農村の開発，失業，雇用，職業訓練などを含むとしている。

したがって，政府間国際関係では各国政府・ODA の供与，開発教育，識字教育，国際ボランティア活動，国際養子縁組，国際里親などの国際活動，国内関係では国際交流事業，在外邦人対策，在日外国人対策，外国人労働者対策などが重要課題である。もとより，各国の社会福祉の国際比較も，その範囲となる。

また研究者の中には，国際間で共通に発生する対象となる人々の生活問題をはじめ，国際間の人口移動および世界的空間での地域間の人口移動に伴って生じる対象となる人々の生活問題，一国もしくは一地域で生じた事象が他の国や地域へ波及した時，あるいは波及が予想される場合に対象としている。このほか，人々の生活問題，特定地域で発生した特定の事象が世界的次元での全体社会の構造や社会体制，および政治権力などと連関して対象となる人々の生活が政治権力などによって侵害される場合の問題を，その対象範囲に挙げる向きもある。

一方，国際社会福祉の主体としてはまず政府間国際機関では国連，各国政府・ODA の供与，OECD（経済協力開発機構），SSA（国際機関債など），その他がある。これに対し，NGO では国際社会福祉協議会，国際ソーシャルワーカー連盟（IFSW），国際赤十字社連盟，ユネスコ，ユニセフ，国際アムネスティなどがある。ただ，その場合，対象とする国や地域の政治・経済・社会が資本主義体制なのか，または社会民主体制なのか，もしくは社会主義体制なのか，あるいは議院内閣制なのか，大統領制なのか，半大統領制なのか，さらには集権国家なのか，分権国家なのかを踏まえて国際比較することが重要である。

したがって，いずれの国，わけても日本や欧米など先進国や新興国は現状のように，自国の福祉政策の整備・拡充にのみ関心を寄せ，自国第一主義にとどまるのではなく，各国の法制度や気候風土，生活習慣，文化などの相違を越え，途上国の福祉政策の整備・拡充のため，地球規模的な相互扶助や国際協力による制度・施策や事業・活動に国際貢献し，異文化共生社会，さらには福祉世界，最終的には世界連邦の樹立を目指すことが重要である。

（3）国際社会福祉の研究視点

なお，このような福祉政策の国際比較に対し，学問的には国際政治学や国際経済学，またはこれらを統合した国際政治経済学，さらには国際法や国際関係法学，国際関係史，国際社会学との学際的な研究および実践によって国際貢献することも忘れてはならない。

いずれにしても，国際社会福祉は国際社会におけるさまざまな問題や課題のうち，社会福祉学的な視座からその解決のための方策を研究し，かつ実践すべく国際的な協力や協調によって共生していく政策科学であるとともに実践科学である。このため，国際政治学や国際経済学，または国際政治経済学や国際法，国際関係法学，国際関係史，国際社会学と関連させながら，その整備・拡充のあり方を研究し，かつ実践するよう努めることが必要である。

2　福祉政策の類型

（1）欧　米

ところで，福祉政策の類型だが，欧米から順にみていくと，イギリスを中心とする中世のヨーロッパ社会はルネサンス，宗教改革，産業革命という時代的な変革を経て近代社会へと移行し，工業化の面で立ち遅れたアジアやアフリカ，ラテンアメリカなどの途上国を植民地化し，世界的な経済体制の中に資本主義体制を創出した。また，その後の科学技術の発達や交通・通信の進歩に伴い，政治的，経済的，社会的な分野において国際交流が盛んとなり，従来の特定の国家の間における政治的，軍事的な関係だけでなく，より広域的なさまざまな国際会議も頻繁（ひんぱん）に開催されることになった。

具体的には，ナポレオン戦争後の欧州秩序に関するウィーン会議（1814～1815年）をはじめ，クリミア戦争の終結のためのパリ講和会議（1856年），ロシアの黒海の領土問題に関するロンドン6カ国会議，非行防止と犯罪者更生活動の経験活動を目的とした国際会議（1849～51年）などがその典型である。また，1919年，世界の大部分の国を含め，人類最初の平和維持機関として国際連盟の誕生へと結実，これに伴い，常設の国際司法裁判所や国際労働機関（ILO）の創設へと波及した。

一方，NGO による活動では1830年，世界キリスト教青年会（WMCAW），1863年，国際赤十字国際委員会が創設された。特に国際赤十字国際委員会は，フランス・イタリア連合軍とオーストリア軍との間で行われたソルフェリーノ戦争の際，多数の傷病兵を救助したり，市民の保護活動や自然災害に対する緊急医療援助などに取り組んだりした。また，1894年には世界キリスト教女子青年会（YWCA）が創設され，世界キリスト教青年会（YMCA）とともに戦争被害者を対象にレクリエーション活動に取り組むことになった。

このほか，1920年から1943年にかけ，国際児童救助連合（現・国際児童福祉連合）や国際移民事業団（現・国際社会事業団），国際社会事業会議（現・国際社会福祉協議会），国際社会事業学校委員会（現・国際社会事業学校連盟），連合国救済復興機関（UNRRA）が相次いで設置された。中でも最も大規模に展開された国際社会福祉としての活動は連合国救済復興機関（UNRRA）で，連合国側の食糧の確保や医療活動，道路・交通施設の補修，農業の復興，難民に対するさまざまな福祉活動に努めた。その一つである児童の保護・救済活動は後に国連児童基金（ユニセフ）として普及し，万民の知るところとなった。

このような福祉政策が本格的に取り組まれるようになったのは，第二次世界大戦を教訓に国連で採択された「世界人権宣言」および国際人権規約など人権関係の各種宣言，条約，勧告に基づき，1945年，国連などの国際機関や政府機関が設置されたのが契機であった。特に国連の経済社会理事会では人口委員会，社会委員会，人権委員会，女性の地位委員会，麻薬委員会など7つの機能委員会を設け，ユニセフや国連高等難民弁務官事務所，世界食糧計画，国連開発計画などのプログラムが組まれ，アジアやアフリカ，ラテンアメリカなど途上国においてさまざまな経済・社会開発活動が展開された。このほか，国際労働機構（ILO）やユネスコ，世界保健機関（WHO），食糧農業機関（FAO）も国連の専門機関として，これら途上国における貧困や飢餓，無知，疾病（しっぺい）などの問題の解決に努めている。

このような中，日本は1946年，日本国憲法の公布およびこれに基づく1950年の「50年勧告」を踏まえ，社会保障・社会福祉が政府および自治体の公的責任としての公助として整備された。しかし，欧米諸国と同様，1990年代以降，少子高齢社会や人口減少，国民の福祉ニーズの多様化・複雑化・高度化，行財政改革により措置制度から契約制度へ，また，福祉サービスの民営化に転換され，「低福祉・低負担」あるいは「中福祉・中負担」の大陸モデルやアメリカモデルを志向することになった。

これに対し，スウェーデンやデンマークなど北欧諸国は，社会民主主義体制を整えその整備・拡充に努め，「高福祉・高負担」によるスカンジナビアモデルを構築し，国際社会に大きな示唆を与えている。

（2）アジア

アジアやアフリカ，ラテンアメリカなどの途上国との経済格差，南北格差はますます拡大するばかりである。さらに1973年の石油危機に伴い，欧米の先進国の経済も停滞し，失業問題が浮かび上がってきた。それだけに，国連は設立当初から国際社会福祉，分けても社会保障・社会福祉に対してさまざまな取り組みをしている。

具体的には，国連の経済社会理事会は人口委員会，社会委員会，人権委員会，女性の地位委員会，麻薬委員会など7つの機能委員会を設け，ユニセフや国連高等難民弁務官事務所，世界食糧計画，国連開発計画などのプログラムが組まれ，アジアやアフリカ，ラテンアメリカなど途上国におけるさまざまな経済・社会開発活動が展開された。また，障害児者福祉にあっては1975年，「障害者の権利宣言」を総会で採択，翌1976年を「国際障害者年」と定め，「障害者の完全参加と平等」をテーマに国際的に取り組むべく「障害者に関する世界行動計画」を策定，1983～1992年を「国連・障害者の十年」とし，各国における積極的な障害者福祉の推進を提唱している。この「国際障害者年」の開催を機に，日本でも障害児者だけでなく，高齢者や児童を対象とした福祉政策に反映させるべくノーマライゼーションの理念やソーシャルインクルージョンの実践が普及することになった。

とりわけ，日本は橋本龍太郎首相（当時）が1996年，フランス・リヨンで開催された「主要国首脳会議（リヨン・サミット）」で提唱した「世界福祉構想」に基づき，同年，沖縄県宜野湾市で東アジア社会保障担当閣僚会議を開催，保健医療制度や福祉，所得保障の問題，さらには社会保障の分野における国際協力をめぐる議論をさらに深めるよう，東アジアの各国がその改革に向けて努力することが確認された。

一方，各国政府・OECD によって，1988年および1992年に社会保障担当大臣会議が開催された。また，1996年には社会政策閣僚・次官級会合（「21世紀の新たな社会政策の課題」）が開催され，社会政策や「世界福祉構想」などについて各国の現状と課題について活発な討議が行われた。このほか，ODA の関係では保健・医療の分野における国際協力に関し，日本は保健医療，医薬品，人口・家族計画，水道・廃棄物などの分野で，JICWELS（国際厚生事業団）を通じ，または外務省や JICA（国際協力事業団）と協力し，専門家の派遣や研修員の受け入れなど途上国の自立・自助を目的とした「人づくり」を中心とする協力を行っている。なお，日本はこのような2国間協力に加え，多国間協力としてエイズや人口問題，国際緊急援助活動，麻薬対策などに関わるWHO（世界保健機関），NGOに対する財政的，人的な支援・協力を行っている。

（3）新たな問題や課題

前述した欧米や日本のような福祉政策の整備・拡充は，戦後，オセアニアのオーストラリアやニュージーランドでも普及したが，アフリカやラテンアメリカなどの途上国では，アメリカにおける人種問題や南北問題などのように底の深い課題も少なくない。

中でも，今なお深刻な問題は民族や宗教，言語，文化などの違いによる紛争や内戦，ゲリラ，テロリズム（テロ），難民，さらには人口爆発や食糧難，貧困，エイズ感染，識字率，医師不足，自然災害などの問題が解決されていないばかりか，ますます深刻になっているのが実情である。また，近年，地球規模的な酸性雨による環境汚染や原水爆の実験に伴う放射能拡散問題，ホームレス，ストリートチルドレン，ジェンダー，国際養子縁組，外国人労働者問題，核兵器の保有・国際管理，宇宙ゴミ，プラスチックごみ問題，さらには今般のコロナショックなどというように，国境を越えた問題や課題がクローズアップされている。

参考文献

宇佐美耕一・岡伸一・金子光一・小谷眞男・後藤玲子・原島博編『新　世界の社会福祉』旬報社，2020年。
川村匡由『社会保障再生』旬報社，2022年。
川村匡由『防災福祉先進国・スイス』旬報社，2020年。
川村匡由「世界連邦の樹立と日本のありよう」岡伸一・原島博編『新　世界の社会福祉（第12巻）』旬報社，2020年，310-321頁。
川村匡由編著『国際社会福祉論』ミネルヴァ書房，2004年。

世界は今

新型コロナウイルス感染症によるパンデミックが懸念される中，日本政府は一時，全国に緊急事態宣言を発出，その後も密閉・密集・密接の「3密」による感染拡大を避けるため，マスクの着用やうがい，手洗いの励行，不要不急の外出の自粛，ソーシャルディスタンス（社会的距離）の確保，テレワーク（在宅勤務），時差出勤，オンライン会議の徹底など「新しい生活様式」を示し，協力を呼びかけている。しかし，ワクチンや治療薬はいまだ開発中の中，社会・経済活動の再開や外国人の訪日緩和によって，第二波・第三波に見舞われる恐れもある。このため，今こそ国際社会をあげてその感染防止に努めるべく次代を担う若者は国内だけでなく，国際社会の問題にも目をやるべく，新聞やテレビ，ラジオ，ウェブサイトなどで情報を共有し，世界平和の追求に国際貢献したいものである。

第11章　社会福祉の原理と政策の課題と展望

学びのポイント

社会福祉というと，ややもすると日本におけるその原理や政策に特化した研究や実践に集約されがちである。また，国際比較というとイギリスやドイツなどの中欧型，またスウェーデンやデンマークなどの北欧型，あるいはアメリカなどの北米型を思い浮かべるが，日本の社会福祉はどのような立ち位置で推進していくべきか，経済はもとより政治もグローバル化している点を踏まえて考え，2065年の本格的な少子高齢社会および人口減少においてもその持続可能性を追求したい。

1　社会福祉の普遍化

さて，これまで「社会福祉の原理と政策」と題し，その原理をはじめ，歴史や思想・哲学・理論，社会問題と社会正義，基本的な視点，ニーズと資源，構成要件と過程，動向と課題，関連施策，福祉サービスの供給と利用過程，そして，国際比較について述べてきたので，本章では，その全体の課題と展望について述べ結びとしたい。

その第1は社会福祉の普遍化である。なぜなら，社会福祉は日本国憲法第25条に基づき政府は国民の生存権[1]の保障およびその社会保障的義務[2]を果たすべく自治体と連携した公的責任としての制度・政策を基本としながらも，国民も日本国憲法の三大原則である国民主権，基本的人権の尊重，平和主義を踏まえる。その上で自助および国民・住民・市民による見守りや安否確認などの互助，さらにはボランティアやNPO法人，企業・事業所の共助による事業・活動としての公私協働，すなわち，これらのベストミックスによって社会福祉を普遍化し，市民社会から市民福祉社会，さらには福祉コミュニティの形成を目指すべきだからである。

ただし，政府は1995年の阪神・淡路大震災（兵庫県南部地震）の際，各地からボランティアが被災地に多数駆けつけ，被災者の生活再建や復旧・復興のために協力し，この年が「ボランティア元年」といわれたことに着目，国民・住民・市民の互助を「共助」とし，「共助」があたかも地域福祉の基本であるかのように強調しているが，「共助」は当該地域以外に居住する国民・市民によるボランティアやNPO法人，企業・事業所の支援であり，互助の概念とは異なる(3)。まして社会福祉は同法に定める国民の生存権および政府の社会保障的義務を踏まえ，政府および自治体の公的責任としての公助の制度・政策が基本であり，「共助」を強調する裏に，社会福祉を国民・住民・市民主権・自治に基づく事業・活動の自助・互助に“丸投げ”しかねない危険性をはらんでいるため注意すべき概念である。

いずれにしても，社会福祉の原理と政策においても住民運動や市民運動，福祉運動，労働運動などソーシャルアクションによる社会福祉の普遍化，および市民社会から市民福祉社会へ止揚すべく自治・分権・共生がキーワードである(4)（図表11－1）。

2　社会保障の概念の見直し

第2は社会保障の概念の見直しである。なぜなら，社会保障の概念は日本国憲法第25条第1～2項に基づき国民の生存権を保障するため，政府および自治体に公的責任としての公助を義務づけ，「社会保障制度に関する勧告」（50年勧告）および「社会保障体制の再構築――安心して暮らせる21世紀の社会をめざして」（95年勧告）を受け，年金保険や医療保険，労働保険，社会福祉に介護保険などを加え，現在に至っているが，戦後約75年経た今なお社会福祉は，旧態依然として社会保障の下位概念とされたままで，現代の，また

図表11－1　社会福祉の普遍化

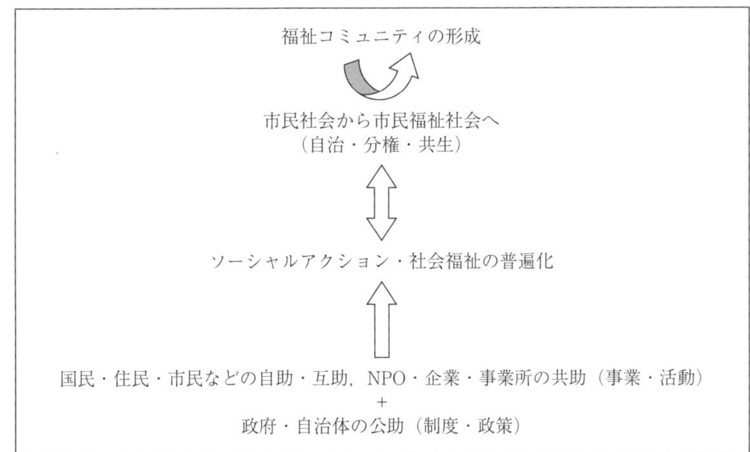

出典：筆者作成。

未来の日本，否，国際社会における社会福祉の重要性を考えれば，社会福祉は現行の社会保障の概念を補完する役割を果たしているのが現状である。しかし，社会福祉は2065年の本格的な少子高齢社会および人口減少を見据え，現行の社会保険や福祉サービスに新たに住宅保障や環境保障，移動保障，情報保障，災害保障の５つを社会保障の概念に包摂させ，国民やNPO法人，企業・事業所などの社会貢献活動を評価，社会保障再生の一助とし，社会福祉を社会保障の上位概念とすべきである[(5)]。

具体的には，住宅保障とは，国連が1991年に採択した「適切な居住の権利」はもとより1995年の「居住の権利宣言」を踏まえ，住宅のバリアフリー化や住環境の整備を一体的に推進すべく住宅と福祉の融合を図る制度・政策である。また，環境保障とは1997年の第３回国連気候変動枠組み条約締約国会議・地球温暖化防止京都会議（COP3），2015年の地球温暖化などによる気候変動の影響を軽減するための緊急対策「SDGS（持続可能な開発目標）」を受けた第21回国連気候変動枠組条約締結国会議・地球温暖化防止パリ会議

(COP21) を受け，住宅や学校，官公庁舎，商店街など周辺の住環境や海・山などの自然環境や生活環境の整備・保全に関わる制度・政策である。

一方，移動保障とは「高齢者，障害者等の移動等の円滑化の促進に関する法律（バリアフリー新法）」などに基づき，電車やバス，あるいは予約利用・予約タクシーやスクールバス，買い物バス，福祉バスの運行によるオンデマンド交通や福祉有償輸送により，高齢者や障害児者，子ども・子育て家庭など要援護・要配慮者も自由に移動できるよう，インフラストラクチャー（インフラ）を整備する制度・政策である。

また，情報保障とはテレビやラジオ，ケーブルテレビ（CATV），ニューメディア，マルチメディア，インターネット，SNS（ソーシャルネットワーキングサービス），ビッグデータ，AI（人工知能）の整備により，社会保険や福祉サービス情報の開示・共有，利活用に便宜を図り，国民の「知る権利」を保障する制度・政策である。

なお災害保障とは，地震や津波，土砂災害などの風水害，火山噴火，原子力災害などに対し，その防災・減災や災害時の被災者の支援，補償・賠償，生活再建，被災地の復旧・復興に関わる保障で，被災者の生活再建や復旧・復興事業に取り組む制度・政策である。

3　国際社会福祉への昇華

第3は国際社会福祉への昇華である。社会福祉の原理や政策は国民の生存権を保障すべく政府および自治体の公的責任としての公助，すなわち，制度・政策および国民・住民・市民の自助，互助，さらにはボランティアやNPO（特定非営利活動法人），企業・事業所の共助による事業・活動としての公私協働，すなわち，ベストミックスによって社会福祉を普遍化し，市民社会から市民福祉社会，さらには福祉コミュニティの形成を目指すべきである。しかしながら，ややもすれば国際社会は経済のグローバル化のなか，核保有国や非核化の国もあるため，人々の安全・安心，さらには社会連帯による持続可能な国際社会の発展が求められているものの，一部の国や地域ではいまだに戦争や内紛，食糧，保健，医療，福祉，教育などが十分行き届いていないのが実態である。このため，日本はODA（政府開発援助）や各種NGOを通じ，政治・経済的援助を行っているが，決して十分とは言い難いため，国内のみに限った国家社会保障から国際社会保障，さらには国家社会福祉から国際社会福祉へと昇華し，先進国の一員として国際貢献を果たすべき使命がある。

とりわけ，唯一の戦争被爆国である日本の役割はきわめて大きいものの，戦後，一貫して日米軍事同盟という名の不平等条約を通じ，対米従属による外交および政官財の癒着により土建型公共事業など大企業，および，自民党に多額の政治献金をしている日本医師会や製薬会社などの利権を誘導している医療にはメスを入れていないのが現状である。しかし，少子高齢社会や人口減少で自然増の社会保障給付費の伸びを抑制する半面，消費税など税金や社会保険料を相次いで引き上げている。このような政治を改革し，国際社会福祉の昇華を図り，非核・軍縮および「世界連邦」，さらには福祉世界の構築に向け，国連を中心に国際貢献すべきである[(6)]。

具体的には，政府は今後，「新たな時代に対応した福祉の提供ビジョン」として高齢者や障害児者，子ども・子育て家庭などに特化した全世代型社会保障および地域共生社会の実現を目指しているものの，一部の保険医療機関や保険薬局の「検査漬け」「注射漬け」「薬漬け」による診療報酬や調剤報酬の不正請求にメスを入れるとともに，患者も「はしご受診」や薬への依存を自戒すべきである。

また，消費税など税金や社会保険料の福祉や教育などへの重点的配分，都市部と地方の格差是正のため，東京一極集中など大都市中心の政治・経済から地方の活性化へと転換するなど真の地方分権を推進すべきである。併せて地主の利権誘導，政官財（業）および一部情・学の癒着による自公政権を健全野党に政権交代し,「小さな政府」から「大きな政府」,さらにはスウェーデンやデンマークなど北欧諸国にならい,資本主義体制から社会民主主義体制へと止揚,現在の「低福祉・高負担」から「高福祉・高負担」を目指すべきである。

4　国際共生社会の実現

第4は国際共生社会の実現である。なぜなら前述したように,政府は今後,「新たな時代に応した福祉の提供ビジョン」として,高齢者・障害児者や子ども・子育て家庭などに特化した全世代型社会保障および地域共生社会の実現を目指しているものの,国際化の視点が欠如している。そこで,このような視点をグローバル化し,国際社会を構成するすべての人々が恒久平和と人権尊重,すなわち,基本的人権の尊重に基づく世界平和を基本原理とし,先進国,新興国,途上国を問わず,誰でも国籍や居住地,人種,思想,信条などによって差別されず,幸福で,かつ安全・安心な生活を営む権利を有するため,すべての人々は総力をあげて国際共生社会を実現し,平和・福祉国家を建設すべきである。それは1944年から1973年にかけ,計3回改正された「国際連合憲章」の前文で,次のように明確に述べられていることからも明らかだからである。

「われら連合国の人民は,われらの一生のうちに二度まで言語に絶する悲哀を人類に与えた戦争の惨害から将来の世代を救い,基本的人権と人間の尊厳及び価値と男女及び大小各国の同権に関する信念を改めて確認し,正義と条約その他の国際法の源泉から生ずる義務の尊重を維持することができる条件を確立し,一層大きな自由のなかで社会的進歩と生活水準の向上を促進すること,並びに,このために寛容を実行し,且つ善良な隣人として互に平和に生活し,国際の平和及び安全を維持するため，われらの力を合わせ，共同の利益の場合を除く外は武力を用いないことを原則の受諾と方法の設定によって確保し，すべての人民の経済的及び社会的発達を促進するために国際機構を用いることを決意し，これらの目的を達成するために，われらの努力を結集することに決定した。

よって，われらの各自の政府はサンフランシスコ市に会合し，全権委任状を示してそれが良好妥当であると認められた代表者を通じて，この『国際連合憲章』に同意したので，ここに国際連合という国際機関を設ける。」

また，日本国憲法の前文（一部）でも次のように謳っている。

「日本国民は，恒久の平和を念願し，人間相互の関係を支配する崇高な理想を深く自覚するのであつて，平和を愛する諸国民の公正と信義に信頼して，われらの安全と生存を保持しようと決意した。われらは，平和を維持し，専制と隷従，圧迫と偏狭を地上から永遠に除去しようと努めてゐる国際社会において，名誉ある地位を占めたいと思ふ。われらは，全世界の国民が，ひとしく恐怖と欠乏から免かれ，平和のうちに生存する権利を有することを確認する。われらは，いづれの国家も，自国のことのみに専念して他国を無視してはならないのであつて，政治道徳の法則は，普遍的なものであり，この法則に従ふことは，自国の主権を維持し，他国と対等関係に立たうとする各国の責務であると信ずる。」

5　世界連邦の樹立

そして，最後は世界連邦の樹立である。具体的には，日本は今後もいかなる国や地域とも特別な同盟関係などを持たず，永世中立国を国際社会に宣言し，平和外交および新興国や途上国の社会保障の整備・拡充に協力する国際

図表11－2　世界連邦の樹立を誓う像（武蔵野市・JR 三鷹駅北口）

出典：筆者撮影。

社会，ひいては国連の命題である「世界連邦」を樹立すべきである。

ちなみに，世界連邦とは戦後，世界各国の科学者や政治家の支持を得て，1947年，日本など24カ国と加盟団体および60カ国に在住する個人会員が加盟する NGO「世界連邦運動協会（WFM；本部・ニューヨーク）」が結成され，外交の推進や環境の保全，貧困および飢餓の救済，人権問題の解決のため，諸外国が互いに独立しながらも一致協力し，地球規模によって実現していく活動である。

周知のように，14～17世紀，中世ヨーロッパを中心に「世界国家（政府）論」や「永久平和思想」が論じられたが，当時，まだ国連などの国際機関がなかったため，所詮は歴史的な所産に甘んじた議論にとどまった。国際的な問題や課題の解決のため，18世紀以降，国際法が自然法として興ったのも，このような事情に由来する。

また，1945年，イギリスとフランスを中心に運営されていた国際連盟の代わりに設立された国連が，第二次世界大戦の惨禍を教訓に採択した「世界人権宣言」および国際人権規約など人権関係の各種宣言，条約，勧告の果たした役割は大きかった。そればかりか，近年，軍拡（軍備拡張）時代から核時代を迎え，新たな東西冷戦時代を迎えている。

その意味でも，前述したように世界唯一の被爆国である日本の役割はきわめて大きいため，非核・軍縮および世界連邦の樹立のため，国際貢献することを国民一人ひとりも自覚すべきである。もとより，社会福祉士および精神保健福祉士の国家資格の養成教育における「社会福祉の原理と政策」を学習する場合にあっても，単にその受験資格を取るための単位の履修だけに終わらず，21世紀の国際社会において社会保障および社会福祉の持続可能性を図るべきである。また，日本をはじめ欧米など先進国や新興国は，自国のみのその整備・拡充を図るだけでなく，途上国の福祉政策の整備のため，国際共生社会の実現さらに最終的には世界連邦の樹立を目指すべく，国際協調および国際貢献に努める使命がある（図表11－2）。

注

(1)　同法第25条第１項「すべて国民は，健康で文化的な最低限度の生活を営む権利を有する」，第２項「国は，すべての生活部面について，社会福祉，社会保障及び公衆衛生の向上及び増進に努めなければならない」。

(2)　同条第２項「国は，すべての生活部面について，社会福祉，社会保障及び公衆衛生の向上及び増進に努めなければならない」。なお，この場合，自治体も政府と連携すべきと解されている。

(3)　川村匡由『地域福祉源流の真実と防災福祉コミュニティ』大学教育出版，2016年。

(4)　川村匡由『地域福祉とソーシャルガバナンス――新しい地域福祉計画論』中央法規出版，2007年，２-26頁。

(5)　川村匡由『社会福祉普遍化への視座――平和と人権を基軸にした人間科学の構築』ミネルヴァ書房，2004年。

(6) 同前書。

参考文献

川村匡由「世界連邦の樹立と日本のありよう」岡伸一・原島博編『新 世界の社会福祉（第12巻）』旬報社，2020年，310-321頁。

川村匡由『防災福祉先進国・スイス』旬報社，2020年。

川村匡由・倉田康路『社会福祉概論（第２版）』ミネルヴァ書房，2007年。

川村匡由編著『国際社会福祉論』ミネルヴァ書房，2004年。

川村匡由監修『現代社会と福祉』電気書院，2018年。

現場および従事者・利用者は今

社会福祉の実践現場は，政府や自治体，社協の職員，施設や保険医療機関，NPO 法人，企業・事業所の従事者，ボランティアなど各種団体・グループの有志およびこれらの福祉サービスの利用者などとさまざまである。中には研究者を目指す場合もあろうが，いずれにせよ，ノーマライゼーションの理念とソーシャルインクルージョンの実践のため，職務や業務をまっとうして利用者の自己実現と決定権の保障とともに自己研鑽を積み，福祉コミュニティの形成はもとより，国際共生社会の実現，さらに，最終的には世界連邦の樹立に努める使命があることを忘れてはならない。

あとがき

「まえがき」でも述べたように，社会福祉士および精神保健福祉士の国家資格取得志望の学生向けの養成課程の教育内容である現行の新カリキュラムは約10年ぶりに改定され，2021年４月以降，全国の福祉系の大学や短期大学，専門学校などの一般養成施設および短期養成施設はその資格取得を志望する入学者に対し，この新々カリキュラムに基づいた養成教育を実施，2024年度（2025年２月）以降，国家試験に合格し，ソーシャルワークのプロフェッショナルとして輩出するよう，努めることになった。

その中で，新々カリキュラムの「社会福祉の原理と政策」は，それまでの「現代社会と福祉」では「現代社会における福祉制度の福祉政策」をはじめ，「福祉の原理をめぐる理論と哲学」や「福祉制度の発達過程」「福祉政策におけるニーズと資源」「福祉政策の課題」「福祉政策の構成要件」「福祉政策と関連政策」「相談援助活動と福祉政策」となっている内容に対し，「社会福祉の原理」や「社会福祉の歴史」「社会福祉の思想・哲学・理論」「社会問題と社会正義」「福祉政策の基本的な視点」「福祉政策におけるニーズと資源」「福祉政策の構成要件と過程」「福祉政策の動向と課題」「福祉政策と関連施策」「福祉サービスの供給と利用過程」「福祉政策の国際比較」を内容としており，「福祉政策の国際比較」のみが新たに加味された。

その意味で，グローバル化が叫ばれている現状を踏まえれば高く評価されるが，本書ではこれに満足せず，終章に「社会福祉の原理と政策の課題と展望」を加え，今般の新々カリキュラムの内容を総括し，全体を見通した当面の課題，また，2065年の本格的な少子高齢社会および人口減少を見据えた展望を述べた。このため，本書は類書にはない有用なものとして活用していただけるものと自負している。

最後に，本書を刊行するにあたり企画から編集まで多大なご助言およびご苦労をおかけしたミネルヴァ書房編集部の音田潔氏ならびに共著者各位に改めて深く感謝したい。

2022年１月

武蔵野大学名誉教授
川村匡由

索　引

あ 行

か 行

さ　行

た　行

な　行

は　行

ま 行

や 行

ら 行

わ 行

欧 文

著者紹介（所属，分担，執筆順，＊は編者）

倉田康路（くらた やすみち）（西南学院大学人間科学部教授：第１章）

大山朝子（おおやま あさこ）（鹿児島国際大学福祉社会学部教授：第２章）

滝口　真（たきぐち まこと）（大分大学福祉健康科学部准教授：第３章１）

川口一美（かわぐち かずみ）（聖徳大学心理・福祉学部教授：第３章２～４・第９章）

白石憲一（しらいし けんいち）（群馬医療福祉大学社会福祉学部教授：第４章）

＊川村匡由（かわむら まさよし）（編著者紹介参照：第３章２～４・第５・６章・第７章１・第９～11章）

島津　淳（しまづ あつし）（桜美林大学健康福祉学群教授：第７章１）

石田路子（いしだ みちこ）（名古屋学芸大学看護学部教授：第７章２）

河谷はるみ（かわたに）（西南学院大学人間科学部准教授：第８章）

編著者紹介

川村匡由（かわむら・まさよし）

1969年，立命館大学文学部卒業。

1999年，早稲田大学大学院人間科学研究科博士学位取得。博士（人間科学）。

現　在　武蔵野大学名誉教授（社会保障・地域福祉・防災福祉），行政書士有資格，シニア社会学会理事，世田谷区社会福祉事業団理事，福祉デザイン研究所所長，地域サロン「ぷらっと」主宰。

主　著　『入門 社会保障』（編著，2021年），『入門 地域福祉と包括的支援体制』（編著，2021年），『社会福祉概論』（共著，2007年），『社会保障論』（編著，2005年），『地域福祉論』（編著，2005年）以上，ミネルヴァ書房，『改訂 社会保障』（編著，2020年）建帛社，『現代社会と福祉』（監修，2018年）電気書院，『地域福祉の理論と方法』（共編著，2009年）久美出版，『地域福祉とソーシャルガバナンス』（2007年），『三訂　福祉系学生のためのレポート＆卒論の書き方』（2018年）以上，中央法規出版，『地域福祉源流の真実と防災福祉コミュニティ』（2016年）大学教育出版，『防災福祉先進国・スイス』（2020年）旬報社ほか。

＊川村匡由のホームページ（http://www.kawamura0515.sakura.ne.jp/）

入門 社会福祉の原理と政策

2022年３月30日　初版第１刷発行　〈検印省略〉

定価はカバーに
表示しています

編著者　川村匡由
発行者　杉田啓三
印刷者　中村勝弘

発行所　株式会社　ミネルヴァ書房
607-8494　京都市山科区日ノ岡堤谷町１
電話代表（075）581-5191
振替口座　01020-0-8076

中村印刷・藤沢製本

ISBN978-4-623-09203-1

Printed in Japan